기독교학의 학문적 체계 성립을 위한

기독교 인문주의 전통의 연구

오형국 지음

기독교학의 학문적 체계 성립을 위한

기독교 인문주의 전통의 연구

KSI 한국학술정보(주)

이 논문은 2005년 교육인적자원부의 재원으로 한국학술진흥재단의
지원을 받아 수행된 연구임(KRF - 2005 - 043 - A00060)

　'기독교학'이 하나의 자충족적인(self-sufficient) 학문 분야가 된다는 것은 무엇을 의미하며, 이를 위해 필요한 것은 무엇인가? 표현을 달리하여 질문해 보자. 엄연히 신학이나 종교학이 있는데도 기독교학이 하나의 새로운 학문 분야가 된다면 그것이 타당한 근거는 무엇인가? 이렇게 질문하는 것이 의미 있고 또 반드시 질문해야 하는 이유가 있다. 그것은 예수 그리스도의 복음에 근거한 기독교 신앙에 대한 이해를 담당해 온 신학의 변화 때문이다. 19세기 이후 신학은 세속화(secularization)-종교와 문화의 분리라는 의미에서-를 겪으면서 초월의 영역이나 개인의 내적 경건의 영역으로 후퇴하였고, 삶의 모든 영역에 대한 해석을 제시하지 못하는 학문으로 전락하고 말았다. 그 결과 신학은 제도 교회, 그것도 교파나 교단이라는 특정 영역의 전문가들-즉, 종교인들-만을 위한 학문으로 축소되면서 학문 공동체에서 배제되었다. 하지만 21세기에 들어서면서 우리는 다시 개인의 내적 삶의 문제와 역사적 삶의 차원 중 어느 한편만을 고려하는 것이 아니라 이 둘을 통합적으로 연결해야 한다는 사실을 인식하게 되었다. 실제로 이런 인식이 전혀 새로운 것만은 아니다. 이미 16세기 종교개혁자들이 "모든 진리는 하나님의 진리요 하나님의 주권은 삶의 모든 영역에서 성취되어야 한다."고 주장한 것이나, 19세기에 네덜란드의 아브라함 카이퍼(Abraham Kuyper)를 비롯한 네오칼뱅주의자들(Neo－Calvinist)이 영역주권(sphere sovereignty－국가, 교회, 학교, 가정 등과 같은 우리 삶의 모든 사회적 영역들은 서로 침해할 수 없는 그것 자체의 고유한 신분과 주권을 가진다는 개념)의 개념을 주창했던 것과 맥을 같이한다. 하지만 지금은 16세기나 19세기와 그 상황이 다르다. 20세기 이후의 현대에서는 신학 이외의 학문들, 즉 인문학이나 사회과학이 매우 발달하여 학문적으로 독자적 전문성을 획득하였기에, 이제는 신학이 관점이나 의제(agenda)를 확대하는 정도가 아니라 인문학이나 사회과학과의 치밀한 결합 모드를 찾지 않으면 현대의 문화적 상황에 지성적 대안을 제시할 수 없게 되었기 때문이다.

본서는 현대가 처한 인문정신의 위기상황 속에서 기독교 학문의 역할과 가능성을 제시하고자 한다. 기독교 인문주의는 고대 교부시대의 아우구스티누스(Augustinus)나 제롬(Jerome), 종교개혁시대의 에라스무스(Erasmus), 멜랑히톤(Melanchthon), 칼빈(Calvin), 근현대의 밀턴(Milton), 파스칼(Pascal), 키르케고르(Kierkegaard), 카이퍼(Kuyper), C. S. 루이스(Lewis), 섀퍼(Schaeffer) 등 교회사의 모든 시기에 나타나는 신학 및 시대정신과 상호 작용한 소산이다. 기독교 인문주의는 교의적 신조 자체를 진술하기보다는 신앙적인 정신자세(mentality)와 세계관을 함양하여 학식을 겸비한 경건을 갖추게 하고 유연하고 적실성 있게 신학적 사고(doing theology)를 할 수 있게 해 준다. 이를 위하여 1부(기독교 인문주의의 개념과 속성: 역사적 접근)에서는 고대 교회에서 시작하여 르네상스–종교개혁시대를 거쳐 현대교회에 이르기까지 기독교 인문주의 사조에 해당하는 기독교적 학예의 성취를 역사적으로 기술할 것이다. 그리고 2부(기독교 인문주의에 관한 신학적 쟁점들)에서는 역사적 이해를 기초로 한 신학적 성찰을 시도할 것이다. 이를 통해 본서는 복음의 문화적 표현과 사상적 성취에 관한 내용을 제시함으로써 기독교 교육에 기여하고, 신학과 일반 학문이 결합하는 방식에 대한 통찰을 얻게 함으로써 현재 확산 중인 기독교학교 운동 및 평신도 지식인 운동의 지도력 개발에 기여할 것이다. 한 걸음 더 나아가 르네상스의 기독교 인문주의 학문이 16세기 종교개혁신학을 형성하는 데 기여한 것처럼, 본서 역시 오늘날 교회 갱신에 필요한 신학 작업(doing theology)의 관점과 사고 틀을 제공할 것이다.

제2부 기독교 인문주의에 관한 신학적 쟁점들

제 1 부

기독교 인문주의의 개념과 속성
: 역사적 접근

Ⅰ. 기독교 인문주의란 무엇인가?

기독교 인문주의가 무엇인가를 이해하려면 먼저 인문주의의 개념부터 설명해야 한다. 인문주의의 개념은 90년대 후반부터 '인문학 위기'를 논하면서 매우 다양한 설명이 제시되어 익숙한 듯하지만, 그 구체적 내용에 대해서는 여전히 혼란스러운 것이 사실이다. 본서는 르네상스 시기의 인문주의를 전범으로 받아들이고 신(神) 지식(knowledge of God)의 탐구와 대비되는 개념으로 사용할 것이다. 본서는 인문주의를 '인간과 세계에 대한 앎을 추구하는 지적 운동이고, 학문과 교육의 프로그램이며, 개인에 대해서 말할 때는 한 개인의 정신적 성향'이라고 정의하고자 한다. 따라서 기독교 인문주의란, 기독교 신앙을 바탕으로 인간과 세계를 탐구하는 종교적 학문운동이자 정신자세(mentality)이다. 즉, 기독교 세계관에 근거한 학문 예술 운동이다.

■ 인문주의의 어원적 정의

칼뱅과 쯔빙글리, 멜란히톤 그리고 때로는 루터에 이르기까지 대다수의 종교개혁자들이 갖고 있는 인문주의적 성격을 지적할 때마다 야기되는 오해와 혼란을 해결하기 위하여 이 용어 자체에 대한 개념정의는 매우 긴요하다. 인문주의는 humanism 또는 humanisme, humanismus의 번역어이다. 이 용어는 문맥에 따라 인간주의, 인본주의, 인간중심주의 등으로 다양하게 번역되고 있는 사실에서 보듯이 매우 다의적이고 모호한 개념이다. 넓은 의미의 휴머니즘은 인간의 가치와 존엄을 강조하고 인간의 삶과 조건에 우선적으로 관심을 두는 사상과 사조를 가리킨다.[1] 그러나 인간의 조건과 가치에 대한 견해는 어떤 전제와 관점을 취하느냐에 따라 달라지기 때문에 휴머니즘이라는 용어는 시대마다 다른 의미를 갖고 사용되곤 하였다. 르네상스 시기의 크리스천 휴머니즘과 같이 종교적 기반을 지닌 휴머니즘이 있었는가 하면, 미국의 존 듀이 등이 제창한 "휴머니스트 선언(Humanist Manifesto)"은 철저한 탈종교를 표방하며 학문과 사상의 세속주의를 주장하였다. 그 외에도 연관된 학문 영역과 신조에 따라 문학적 휴머니즘, 과학적 휴머니즘, 실존주의 휴머니즘, 실용주의 휴머니즘 등 적당한 수식어만 붙이면 휴머니즘의 종류는 무수히 생겨날 수 있다. 그러나 좁은 의미의 휴머니즘은 서양의 근대문화와 지적 전통을 형성하는 데 중요한 요소가 된 14세기 르네상스의 휴머니즘을 뜻하는 것으로 이해하는 것이 일반적이다.[2] 그리고

---

1) W.베네트는 인문주의 학문에 대하여 다음과 같이 표현하고 있다. "인문학은 인간의 경험에 관하여 가장 잘 말하고 있는 기록이다. 인문학은 우리 문명과 다른 문명에 속한 남녀들이 어떠한 방식으로 영원한 질문들 즉 정의란 무엇인가? 무엇을 귀중하게 아껴야 하며, 무엇을 지켜야 할 것인가 등의 문제와 어떻게 부딪쳐 싸워 왔는가를 말해준다. *A Report on the Humanities in Higher Education*, (National Endowment for the Humanities, 1984), p.11.

2) Nicola Abbagnano, "Humanism", *The Encyclopedia of Philosophy* 4, p.69.

르네상스의 휴머니즘을 지칭할 때는 그것이 이것이 고대의 '파이데이아' - 인문적 교양을 통한 인간성의 함양 - 의 이념에 가장 충실한 정신이었으며 학문과 교육, 문화의 운동이었다는 점에서 인문주의로 번역하는 것이 타당하다고 본다.3)

르네상스와 종교개혁 시대에는 휴머니즘(영어의 humanism이나 독일어의 humanismus)이라는 말이 없었다. 인문주의의 내용인 교양학문을 지칭하는 후마니타스(humanitas)라는 용어라든지, 그것을 가르치는 교사나 배우는 학생을 뜻하는 라틴어 humanista(이탈리아어 umanista, 영어의 humanist)라는 어휘는 이 시대에 쓰이고 있었으나 오늘날의 인문학적 사조 및 정신적 태도를 가리키는 뜻으로 휴머니즘이라는 말이 처음 쓰인 것은 1808년 독일에서였다.4) 독일의 교육학자인 니이타머(Friedrich.I. Niethammer)가 <현대 교수법 이론에서 휴머니즘과 박애주의의 논쟁>(Der Streit des Humanismus und Philanthrophismus in der theorie des Erziehungsunterricht unsere Zeit, Jena, 1808)을 출간하면서 중등학교에서 인성교육을 위하여 고전교육을 강화할 필요성이 있음을 역설하기 위하여 새로 만든 용어가 휴머니즘이었다.5) 이 사실은 현재 우리가 인문주의로 번역하

---

4) 김영한, "르네상스 인문주의의 본질과 특성", 김영한 편, <서양의 인문주의 전통> (서강대 인문과학연구소, 2001), p.33.

4) 김영한, *Ibid.*, p.3.

5) 이와 동일한 취지에서 휴머니즘의 개념을 역사서술에 도입한 사람은 포이그트(Georg Voigt)이다. 그는 1859년 <고전고대의 부활 및 휴머니즘의 첫 세기>(*Die Wiederbelebung des classischen Alterums, oder das erste Jahrhundert des Humanismus*(Berlin, 1859)에서 르네상스를 휴머니즘의 시대라고 주장했고, 일년 후에 이 주장은 유명한 부르크하르트의 <이탈리아 르네상스의 문화>(*Die Kultur der*

는 르네상스 휴머니즘은 흔히 "이즘(ism)"이라는 말이 함축하는 이데올로기적 신조의 성격을 가진 것은 아니었음을 시사해 준다. Allan Bullock이 주장하듯이 르네상스의 인문주의는 광범위한 정신적 경향에 해당한다고 해야 할 것이다.[6]

한편 르네상스 시대의 인문주의가 고전학문의 교육과 긴밀한 관계가 있다는 것은 당시 인문주의자(humanist)를 뜻하는 라틴어 humanista와 이탈리아어 umanista 라는 말에서 잘 드러난다. 이 단어들이 발생한 시기는 15세기 후반이었다. 이 말은 당시 이탈리아 대학의 학생들 사이에서 통용되었던 일종의 은어로서 고전어와 고전문학을 가르치는 대학교수나 중등학교의 교사들을 가리켰다. 이 단어는 16세기 경에는 가르치는 사람만이 아니라 고전학문을 배우는 학생과 연구자들에게도 확대 적용되었다. 그 당시 시민법 교수를 레기스타(legista), 교회법 교수를 카노니스타(canonista)라고 부른 것처럼 고전학문에 바탕을 학과목인 스투디아 후마니타티스(studia humanitatis)를 가르치는 사람을 humanista 또는 umanista라고 하였다.[7]

그러면 스투디아 후마니타티스는 무엇인가? 여기서 스투디아 후마니타티스는 오늘날의 인문학(humanities)으로 번역될 수 있는 것으로서, humanitas 즉 인간성 또는 인간다움을 연구하고 가르치는 학문이다. 서양 전통 속에서 더욱 중요한 것은 이 말이 그리스어의

Renaissance in Italien(Berlin, 1860)를 통하여 널리 알려지게 되었다.

6) Allan Bullock, *The Humanist Tradition in the West* (London, 1985), p.9. 김영한, "르네상스 인문주의의 본질과 특성", p.32. 재인용.

7) P.O. Kristeller, *Renaissance Thought and Its Source*(New York,1979), p.22.

파이데이아(교양, 교육, 함양)를 로마인들이 라틴어로 옮긴 것이라는 사실이다. 그리스인들은 후마니타스를 야만 즉 babaritas에 반대되는 교양, 교육, 학식, 학문이라는 뜻으로 사용하였다. 그러므로 인간성과 인간다움을 소유한 사람이란 곧 교양 있고 학식 있는 사람을 의미했다. 학식 있고 교양 있는 사람만이 야만에서 벗어난 '사람다운 사람(homo humanus)'이 될 수 있으므로 교양이야말로 인간의 덕성과 수월성을 가늠하는 척도가 되었다.[8]

고대의 라틴작가 중 후마니타스라는 말을 가장 많이 쓴 사람은 로마의 웅변가이며 수사학자인 키케로였다. 이것은 인문주의가 학문으로서는 수사학과 그리고 실제 기능으로서는 웅변과 깊이 연결되는 이유를 설명해 주는 사실이다. 키케로는 이상적 인간상을 웅변가에서 찾았다. 키케로는 훨씬 고대의 이소크라테스의 전통에 따라 웅변을 단순히 능란한 언변이 아니라 지혜와 수사학의 결합으로 보았다. 웅변가는 폭넓은 학식과 경험 그리고 남을 설득할 수 있는 능력을 가져야 했다. 그래야 남을 선도하고 남에게 덕행을 권장할 수 있기 때문이다. 그런 관점에서 후마니타스에 대한 연구와 교육이야말로 웅변가의 육성에 가장 적합한 교육이었다. 그는 후마니타티스를 가리켜 인간 정신을 고귀하고 완전하게 해 주는 학문이며 인간에게 가장 가치 있는 연구라고 찬양하였다.[9]

고대에서 적극적으로 찬양받았던 후마니타스는 중세에서 부정적으

---

8) 김영한, "르네상스 인문주의의 본질과 특성", p.4.

9) Cicero, *De Oratore*, Ⅱ.35, tr., E.W. Sutton(London, 1967), p.223. 김영한, *Ibid.*, p.5 재인용.

로 평가되었다. 왜냐하면 중세의 후마니타스는 인간보다 우월한 신성 (divinatis)에 대비된 개념이었기 때문이다. 그리스도교의 관점에서 본 인간은 타락하기 쉬운 연약한 존재에 불과하였고 따라서 중세에서는 인간적인 것에 치중하면 할수록 그것은 신으로부터 멀어지는 것을 뜻하였다. 이처럼 고대에서 인정받았던 인간의 현세적 영광은 공허한 것이 되어 버렸으므로 인문교육과 교양교육도 제대로 평가받을 수 없었다. 이러한 후마니타스에 대한 고대의 개념이 부활되고 인문학이 활기를 띠게 된 것은 바로 르네상스 시대의 일이었다. 르네상스의 인문주의자들은 키케로 전통의 영향을 받아 후마니타스를 "인간의 품위에 가장 잘 어울리는 교양"으로 정의하고 이에 대한 학문인 스투디아 후마니타티스를 매우 중시하였다. 15세기의 대표적인 인문주의자인 부르니(Leonard Bruni)는 스투디아 후마니타티스를 가리켜 "인간을 가장 완전하게 만들어 주는 최고의 학문"이라고 주장하였고 베리제리오(Pier P. Verigerio)는 "인간의 정신을 고귀하게 하고 신체의 재능을 최고도로 발휘하게 하는 학문"이라고 강조하였다.10)

■ **인문주의 및 인문학적 지식의 속성**

인문주의를 실제적으로 이해하려면 사회적 현상으로서의 인문주의를 알아야 한다. 또한 인문주의자라고 불리는 사람은 어떤 사람이고, 인문주의 사조는 학문연구와 교육활동에서 어떤 기능을 담당하며, 무엇보다도 지식으로서의 인문학의 속성이 무엇인지 알아야 한다.

---

10) D. Weinstein, ed., *The Renaissance and Reformation*(New York, 1966), p.74.

지식의 종류를 세 가지로 나누어 볼 수 있다. (1) 특정한 신조나 신념을 제시하는 지식이 있다. 이데올로기와 종교 지식이 여기에 속한다. (2) 특정한 가치를 다루는 것은 아니지만 기능적 처방을 제시하는 지식이 있다. 과학기술 지식이 그 보기다. (3) 그런가 하면 특정 신념이나 처방 자체를 제공하지 않지만 그런 지식을 발견하고 표현하는 데 도움을 주는 지식이 있다. 언어에 관한 지식, 사고 양식과 효과적인 표현 방법을 탐구하는 인식론, 수사학 같은 인문학문의 지식이 그것이다. 따라서 인문학적 지식은 지식을 발견하기 위한 지식이며, 인문학은 특정한 신조나 기능적 프로그램에 속박되지 않고 인간과 세계에 대한 앎 자체를 탐구하는 학문이라고 할 수 있다.

사상이나 담론의 본질을 파악하는 데는 텍스트를 논리적으로 분석하는 것 이상의 작업이 필요하다. 이것은 그 사상이나 담론이 역사적 현실 속에서 어떤 기능을 하는지까지 보아야 한다는 뜻이다. 이는 르네상스시대의 인문주의와 인문주의자들에 대한 연구에서 잘 나타난다. 크리스텔러(P. O. Kriteller)는, 인문주의의 본질은 특정 철학사조가 아니라 그리스 – 로마의 고전 학습을 통하여 수사학, 어학, 역사학, 시, 윤리학, 즉 **스투디아 후마니타티스(studia humanitatis**, 15세기 이탈리아 인문주의자들이 세속적인 문예 예술 활동을 일컫을 때 쓰던 말이다)를 사회 전반에 확산시키고자 하는 학문 교육 운동으로 규정한다. 그는 인문주의자들이 철학적 문제에 관심을 가진 것은 사실이지만, 그들은 성격상 현실과 유리된 철학적 추상화를 싫어했을 뿐 아니라 어떤 통일적인 견해나 신조를 공유하지는 않았다는 점을 지적하고 있다. 인문주의자들은 자신들 이념의 실제 내용보다는 그 이념을 획득하고 표현하는 방식에 더 관심을 보였다.

인문주의에 대한 크리스텔러의 관점을 이해하려면 먼저 그의 접근방법을 알아야 한다. 그는 인문주의자들의 저술을 문학적으로 분석하는 것만으로는 르네상스 인문주의의 성격을 적절히 설명할 수 없다고 본다. 그는 인문주의를 광범위하고 다층적인 사회적 관계의 맥락 속에서 다른 전통들과 상호 작용하는 활발한 지적 운동으로 여겼기 때문이다. 따라서 문학적 '텍스트' 개념을 분석하는 것보다는 그것의 '사회적 기능과 역할'을 이해할 때 인문주의의 실체를 좀 더 잘 파악할 수 있다고 보고 있다. 그는 모든 인문주의자들을 동질의 단일 집단으로 묶어 주는 요소, 즉 고전과 **스투디아 후마니타티스(studia humanitatis)**를 통해 사회에 필요한 교양인을 양성한다는 인문주의자들의 공통의 목표에서 인문주의의 본질을 찾아야 한다고 보았다.[11]

인문주의와 같이 복합적인 구성요소와 다면적인 기능을 가진 사조를 정의할 때 취할 기준은 이렇다. 첫째, 여러 가지 구성요소 가운데 무엇을 가장 중요한 본질로 볼 것인가? 둘째, 역사적 사조로서 인문주의가 미친 영향력의 원천과 결과는 무엇인가? 르네상스 인문주의가 이후의 다른 시대의 인문학적 사조보다 더 큰 역사적 중요성을 인정받는 것은, 그것이 특정 철학적 명제를 제시했기 때문이 아니라, 기존의 모든 전통적인 사상들을 비판하고 종합시키는 정신자세(mentality)와 사고 틀(mindset)을 제공하였기 때문이다. 명제적 요소는 다른 사상과 어떤 맥락에서 관계하는지에 따라 얼마든지 상이한

---

11) 오형국, 『칼뱅의 신학과 인문주의』(서울, 한국학술정보, 2006), p.59.

논리로 작용할 수 있다. 예를 들면, 루터는 신학적 논제들에 관해서는 윤리적 가치에 우선적인 관심을 두는 인문주의자들과 조화되기 어려웠다. 그런데도 루터는 인문주의를 대단히 옹호하였으며 비텐베르크를 중심으로 철저히 인문주의적 교과 과정으로 대학교육을 개혁하였다. 우리는 여기서 루터와 인문주의의 관계는 신학적 명제만으로는 설명할 수 없으며, 인문주의 정신 속에는 신학적 명제나 철학적 명제보다 더 중요한 기능이 있다는 사실을 발견하게 된다. 크리스텔러의 탁월한 견해는 인문주의와 다른 사조, 특히 종교개혁과의 관계를 이해하는 데 필요한 관점을 제공해 준다. 물론 그에게도 한계는 있다. 그는 인문주의자들을 직업적인 수사학자와 동일시하였고, 인문주의자들의 정치의식이나 수사학적 교양이 지배계급의 이데올로기적 성격을 반영하고 있다는 사실을 간과하고 있기 때문이다. 이런 이유로 인문주의를 단순한 학문적 운동으로만 보지 않고 이탈리아 도시국가들의 정치, 사회적 환경을 반영하는 지적 운동이라고 주장하는 한스 바론(Hans Baron) 등의 시민적 휴머니즘(civic humanism)의 관점과 비교할 때 논란의 여지가 있다. 그런데도 크리스텔러의 견해는 인문주의가 특정한 신조에 지배되는 이념이 아니었음을 규명했다는 점에서 르네상스사 학계에서는 전반적인 동의를 얻어 가고 있다.

르네상스의 인문주의는 지식과 신조 자체보다는 그것을 얻기 위한 인식론과 방법론을 연구하는 것을 그 성격으로 한다. 즉 인문주의 정신은 신조가 있는 새로운 철학이 아니라, 일종의 사고 틀(mindset) 혹은 정신적 경향 같은 것이었다. 인문주의는 현세적 삶의 문제에 관심을 보였고, 이를 위해 실증적이고 비판적인 사고를 추구하였다. 인문주의적 학문은 르네상스 정신에 함축된 중세를 향한 압박(pressure)을 전파하는 역할을 하였으며, 종교개혁의 사상을 담아 표현하는 도구적 학문 혹은 지적 용매(intellectual solvent)의 기능을 담당하였다.

■ 기독교 신앙과 인문학 지식의 종합 가능성

기독교 인문학은 인간을 아는 지식과 기독교 신앙에 근거한 신(神) 지식의 종합을 추구하는 학문이라고 말할 수 있다. 이 둘의 종합은 신앙이 인간의 삶 및 문화와 의미 있는 관련을 맺으면서 역사 속에서 신의(神意)가 실현되기를 바라는 모든 그리스도인들의 본질적인 과제다. 그러면 이 둘 사이에는 서로 어떤 관계가 있는가? 신(神) 지식의 추구와 인간에 대한 탐구가 서로 상반되는 정신적 성향에서 나온 활동이라고 생각하는 이들도 있지만, 이것은 창조와 구원, 현세와 내세, 영과 육 등을 포괄하는 기독교 신앙의 통전성(integrity)을 이해하지 못한 결과다. 기독교 창조 신앙에서는 피조세계와 피조물에 대한 정확한 앎의 추구는 창조주를 올바로 경배하는 정신에서 자연히 발현된다고 말할 것이기 때문이다. 고전적 기독교 신학 전통을 대표하는 칼뱅의 신학에서도 "모든 거룩한 지혜는 하나님을 아는 지식과 자신을 아는 지식으로 구성되어 있고, 이 양자는 결코 떼려야 뗄 수 없이 연결되어 있다."[12]는 명제를 신학적 인식론의 토대로 삼고 있다.

---

12) Calvin, Institute. 1.1.1.

Ⅱ. 기독교 인문주의 전통의 역사

인문학이 기독교 신앙의 의미를 이해하고 그 의미를 실제 삶에 적용하는 데 필요한 효과적 도구라는 사실을 경험적으로 인식할 때, 기독교 인문주의의 전통과 기독교 인문학을 연구하려는 의욕이 생길 것이다. 따라서 이제 고대 기독교 역사에서 교회 안팎으로 모두 중대한 분기점으로 여기고 있는 콘스탄티누스(Constantinus)의 기독교 공인(A.D. 313년) 이래로 기독교 신앙과 인문학의 긴밀한 상호 관계를 역사적으로 고찰하려고 한다. 이런 역사적 고찰은 교회사와 문화사를 넘나드는 방대한 지식과 통찰을 요구하는 것이기에, 단기 과제인 본서에서 충분히 소화하지 못한 것은 향후에 좀 더 본격적인 저작을 통해서 완성하려고 한다.

1. 고대 교회의 기독교 인문주의: 아우구스티누스를 중심으로

기독교 인문주의에 대한 본격적인 역사적 연구는 주후 4세기에서 아우구스티누스(354-430년)를 중심으로 시작하는 것이 타당하다.

여기서 우리는 기독교와 일반 학문 간의 상호작용을 통해 형성되는 기독교 인문학이 인문주의 전성기인 르네상스보다 더 오랜 전통을 가졌다는 사실을 되새길 필요가 있다. 아우구스티누스는 물론 암브로시우스(Ambrosius), 크리소스토무스(Chrisostomus) 등 대부분의 라틴 교부들은 그리스-로마의 수사학을 배웠으며, 이들로 인해 수사학 전통은 르네상스시대에도 크게 존중을 받을 수 있었다. 아우구스티누스시대는 콘스탄티누스 황제가 기독교를 공인한 결과 기독교 역사의 새로운 장(場)이 열린 시대였다. 이 시대의 종교, 문화적 과제를 우리는 '4세기의 딜레마'라고 부른다.13) 아우구스티누스는 이 딜레마에 대한 해답으로 '이집트의 황금'이라는 명제를 제시하고 있다. 그의 저작 De doctrina christiana(기독교 교리에 관하여)는 기독교 학문과 교육에 관해서는 가장 직접적으로 중요한 책인데도, 그동안 철학적 교리와 내적 경건에만 너무 치중한 연구자들에게 주목을 받지 못해왔다.

1) 4세기의 딜레마

콘스탄티누스 황제가 밀라노 칙령을 반포하여 기독교를 공인하고 (313년), 니케아 공의회가 소집되고(325년), 데오도시우스 황제가 국교령을 선포한(392년) 일련의 사건에서 볼 수 있듯이, 4세기는 율리아누스(Julianus) 황제의 박해와 같은 일시적 예외를 제외하고는 대

---

13) James Murphy, *Rhetoric in the Middle Ages*: *A History of Rhetorical Theory from Saint Augustine to the Renaissance*(UC press, 1974), p.55.

체로 기독교시대였다. 암브로시우스(340 - 397년)와 아우구스티누스(354 - 430년) 같은 지도자들의 등장으로 기독교는 큰 진전을 이루었다. 4세기에는 중요한 결정들이 많이 내려졌다. 당시 교회는 두 가지 도전과 과제를 안고 있었다. 하나는 마니교, 펠라기우스파, 도나투스파, 프리실라파 등과 같은 이교와 이단의 공격에 대답하기 위해 공식적인 교리를 만드는 일이었다. 다른 하나는 기독교 신앙이 고도의 이교적 세계관에 근거한 그리스 - 로마 문화를 벗고 새로운 문화를 형성할 수 있도록 지적 기초를 확정하는 일이었다.

콘스탄티누스의 공인 이후 교회는 황제의 종교라는 정치적 특권 위에 서 있었고 제국의 모든 사람들을 구원으로 인도하려고 하였다. 이제 교회의 과제는, 한편으로는 이단에 대해 올바른 교리를 변증할 사람들을 양육하고, 다른 한편으로는 하나님의 말씀을 대중적 언어로 좀 더 많은 사람들에게 전달할 작가와 시인, 교사들을 교육하는 일이었다. 하지만 이러한 중대한 과제를 앞두고 교회지도자들은 이교적 로마 학문과 문화를 어떻게 그리스도인들이 받아들일 것인지를 두고 서로 다른 견해가 첨예하게 대립하였다. 락탄티우스(Lactantius)는 이교 문학을 가리켜 '독이 섞인 단과자' 같은 것이라고 경고했으며, 키프리아누스(Cyprianus)는 카르타고의 수사학 교사 출신이었지만 회심한 후에는 세속문학을 거부하고 죽을 때까지 이교 시인이나 수사학자, 웅변가의 말을 단 한 번도 인용하지 않았다. 옛 질서에 대한 반감은 지식층에서만 아니라 보통 사람들 사이에서도 눈에 띄게 나타났다. 알렉산드리아의 클레멘트는 마치 어린이들이 도깨비를 무서워하듯 사람들이 그리스 철학을 두려워한다고 기록하

고 있다. 그중에서도 이러한 시대정신을 가장 잘 대변하는 인물이
바로 테르툴리아누스(Tertullianus))다. 그는 "아테네와 예루살렘이
무슨 상관인가? 아카데미(Academy)와 교회(Church) 사이에 무슨
조화가 있단 말인가? 이단과 그리스도인 사이에 무엇이 있단 말인
가?"라는 명구를 남겼다.

하지만, 무엇보다도 교육의 필요성이 로마 지식층 그리스도인들에
게 문화적 딜레마를 안겨 주었다. 아무리 극렬하게 이교 학문을 반대
하는 이들이라도 무지를 옹호할 수는 없었기에 교육의 필요성은 인
정할 수밖에 없었다. 무지를 지지하는 것이 무모한 일이라면 이 문제
에 어떻게 대응할 것인가? 이때 바실리우스(Basilius), 암브로시우스
(Ambrosius) 같은 교부들이 보인 반응은 이 문화적 딜레마 앞에서
그들이 갖고 있던 복잡한 감정을 잘 드러내 준다. 바실리우스는 이교
문학의 가시덤불에서 장미를 따야 한다고 가르치면서도 이교 스승들
의 사상을 의지하지 말라고 요구하고 있다. 그는 항로를 잃지 않는
항해사가 되라고 요구한 것이다. 암브로시우스는 세속 지혜와 영적
지혜를 구별했다. 그러면서 그는 설교자에게 수사학 훈련이 필요하다
는 점을 인정하였으며, 문제는 수사학 자체가 아니라 소피스트들에
의한 수사학의 남용이라고 지적하였다. 수사학적 표현은 종종 설교에
유익하며, 실제로 성서에도 수사학이 종종 나오기 때문이라고 한다.
암브로시우스는 이교 철학에 담긴 탁월한 지혜에 감명받았으며, 실제
로 성직자들을 위한 그의 책 *De officis ministorum*은 키케로가 쓴
같은 종류의 책인 *De officiis*를 모범으로 삼은 것이다. 그는 이교도
들 가운데서 발견되는 지혜들은 원래 그들이 성서에서 얻은 것이라

는, 그리스 – 로마의 이교 전통이 담고 있는 지혜에 대하여 기발한 해석을 제시하기도 하였다. 가령, 플라톤은 이집트에 가서 모세의 행적과 율법과 선지자의 말씀을 배웠다는 것이다. 이 주장은 처음에는 호소력이 있었으나 결국 학문적 검증을 견뎌 내지 못했다.

이 같은 문화적 딜레마의 상황에서 히에로니무스(Hieronymus, 영어 이름 Jerome) 역시 동시대 기독교 지식인들이 겪은 내적 갈등을 잘 보여주는 예다. 중세 전(全) 시기에 걸쳐 정경(canon)으로 인정받은 불가타(Vulgate) 성서의 번역자이며 에라스무스(Erasmus) 같은 르네상스 인문주의자들에게서 '학자 성인(scholar saint)'으로 추앙받은 그에게 그리스 – 로마 학문에 지나치게 심취한 시기가 있었다. 그는 꿈속의 사후 심판 자리에서 "나는 그리스도인입니다."라고 대답하자 "아니다. 너는 거짓을 말하고 있다. 너는 그리스도인이 아니고 키케로주의자다. 너의 보물이 있는 곳에 너의 마음도 있느니라." 는 책망을 받았다고 술회하고 있다. 그는 이 꿈을 꾼 이후 15년간이나 고전 인용을 자제했다고 한다. 그를 고민하게 한 것은 이교 고전이 육체 부활 교리를 공격하는 데 쓰인다는 데 있었다. 그는 이것을 염려하여 그리스도인들에게 이교도의 무기를 내려놓으라고 권하였고, 사악한 지혜를 갖는 것보다 학식 없는 것(unlearnedness)이 더 낫다고 말하였다. 하지만 그 뒤로는 제자들에게 그리스 웅변가인 데모스테네스(Dēmosthenēs)와 로마의 현인 키케로를 학문과 웅변의 모범으로 추천하였고, 신명기 21장의 포로 된 여인에 관한 규례를 들어 거짓과 미혹의 위험을 제거한 후에는 세속 지혜를 사용해도 좋다고 승인하기도 하였다. 이 시대의 교부들은 대부분 로마의 수사학 학교에서 교육받았기에 수사학이 얼마나 유익한지 알았지만, 공식적으로 그 가치를 인정하는 데는 주저하였다. 이 문제는 아우구스티누스시대에 가면 좀 더 절실해지고 논의도 구체화된다.

2) De doctrina christiana: 성서 해석과 반지성주의 논박

*De doctrina Christiana*라는 제목은 넓은 의미에서의 기독교 신앙에 관한 가르침일 뿐 반드시 교의신학이나 교리문답에서 말하는 교리적 가르침을 뜻하지는 않는다. 영어권에서는 이 책을 *On Christina Instruction*이라는 제목으로 번역하곤 한다. *De doctrina Christiana*는 수사학 역사에서 수세기 동안 사용해 오던 소피스트적인 수사학을 종식시키고 서구 수사학을 새롭게 출발시킨 책으로 평가된다. 설리반(Therese Sullivan) 수녀는 이 책은 로마의 웅변가이자 정치가인 키케로의 *Doctrina Sana*를 참고하였으며 기독교 설교의 기초가 되었다고 평가한다. 1950년대 연구자들은 이 책이 기독교 문학 이론과 중세 기독교 설교 이론의 토대라고 말한다. 이 책을 통해 아우구스티누스가 후대에 미친 영향은 9, 10, 12, 14세기의 주요 인물들이 이 책을 인용하거나 확대 부연하는 것을 통해 알 수 있다. 학자들은 수사학을 소피스트술(術)의 오염에서 구하려고 한 점을 이 책의 으뜸 가치로 본다. 하지만 더 중요한 의의는 이것이 4세기의 딜레마에 대한 아우구스티누스의 응답이었다는 데 있다. 이 책은 성서해석과 설교의 이론을 제시하는 신학적인 책으로 알려졌지만, 인문주의 관점에서는 이 책이 반(反)지성주의를 논박하고

있다는 데 주목해야 한다. 396년에서 426년까지 썼으며, 『고백록』, 『신국론』과 함께 아우구스티누스의 3대 저작으로 간주되지만, 아우구스티누스에게 상당히 관심이 있는 이들에게조차 이 책은 그의 다른 저작에 비해 덜 알려졌다. 아마 개인의 회심과 경건, 신학 체계에 대한 관심에 비해 교육이나 기독교 학문에 대한 관심이 부족하기 때문일 것이다. 하지만 아우구스티누스 자신은 이 책의 저술을 결코 부수적인 것으로 생각하지 않았다.

> 『기독교의 가르침에 관하여』를 다 쓰지 못했다는 것을 알았을 때, 그 책을 그렇게 놔주고 다른 책을 개정 작업을 할 수 없어서 이 책부터 완성하기로 결심했다. 그래서 나는 누룩을 가루 서 말 속에 갖다 넣어 전부 부풀게 한 여인에 관한 복음서 이야기를 인용한 곳까지 써 놓았던 제3권을 끝마쳤다. 거기다 마지막 권을 더하여 이 작업을 네 권으로 마무리하였다. 처음 세 권은 성경 이해에 도움을 주고 제4권은 우리가 이미 이해하고 있는 사실들을 다른 사람들에게 제시(표현)하는 방법에 대해서 가르치고 있다.[14]

17세기의 베네딕트의 편집자들은 이 책을 평가하면서, "성 제롬(St. Jerome)의 서문과 함께 성경 앞에 놓아도 손색이 없을 만큼 학문적 엄밀성을 갖추어 쓴 책으로서 주제의 존엄성에 걸맞은 저작"이라고 말하고 있다. 이 책은 설교자들에게 설교의 내용과 형식에 대한 교훈을 주려는 데 목적이 있다. 2권에서 그는 "이교도들의 바른 말은 우리도 사용해야 한다."고 주장하고 있으며, 그 유명한 '애굽의 황금'을

---

14) Augustinus, *Retractationes*, 2.4.30.

예로 제시하고 있다. 애굽인들은 우상숭배자였고 이스라엘을 억압한 자들이었기에 이스라엘은 그들을 혐오하고 거기서 벗어나려고 했지만, 출애굽할 때 그들에게서 금과 은으로 만든 그릇과 패물 그리고 옷을 얻어 가지고 나갔다. 애굽인들보다 그것들을 더 잘 이용하기 위해서였으며, 게다가 이것은 하나님이 명령이었다.[15] 전 4권으로 된 이 책의 1-3권은 성경 이해를 돕는 가르침을 담고 있으며, 성경 해석법을 소개하고 성경의 주요 가르침을 해설하고 있다. 하지만 제4권은 어떻게 그 메시지를 전할 것인가(delivering)에 대해 다루고 있다 (특히, 제4권의 제2장과 제4장). 처음 세 권이 성경 이해를 돕기 위한 것이라면, 제4권은 이미 이해한 사실들을 사람들에게 제시하는 방법에 관한 것이다. 아우구스티누스는 이 대목에서 신앙 담론을 전할 때도 수사, 즉 유려한 말(eloquentia)을 사용하는 것이 얼마나 중요한지를 분명히 밝히며 옹호하고 있다. 아우구스티누스의 학문 정신에는 처음부터 표현과 전달이 학문의 목적 속에 포함되어 있고 전달 방법을 깊이 고려하고 있다는 점에 주목해야 한다. 그것이 바로 '수사학적 정신'이다. 아우구스티누스는 책머리에 먼저 자신의 작업을 변증하면서 시작한다. 당시에도 이런 식의 학문적 작업에 반대하는 사람들이 있었기 때문이다. 먼저 왜 이런 연구가 필요한지를 잘 설득하지 않으면 사람들이 이런 학문을 반대하는 이들에게 영향을 받아서 "유익한 연구를 버리고 게으르고 무지한 생활"로 돌아갈 수 있다고 생각했기 때문이다. 우리는 여기서 기독교 인문주의 학문의 과제가 반

---

15) 『구약성서』 출애굽기 3:21.

32

지성주의를 극복하는 것임을 볼 수 있다. 아우구스티누스는 그의 책 서문 2항에서는 반대자를 3가지 유형으로 분석하여 예시하고 있다. 첫째는 저자가 말하는 원칙들을 이해하지 못하는 사람들이다. 둘째는 이 원칙들을 성경연구에 응용하기는 했지만 밝히고자 한 것을 밝히지 못하여 유익을 보지 못한 사람들이다. 셋째는 자신들에겐 성경을 해석하는 능력이 있다고 생각하는 사람들로서 그들은 성경의 모호한 부분은 순전히 하나님의 은혜로만 밝힐 수 있다고 주장한다. 어느 시대나 기독교 공동체에서는 성서와 신앙적 지혜를 구하는 일에 학문적 수고의 필요성을 인정하는 입장과 오직 신적 은혜만을 주장하는 신령주의자(spiritualist)들이 입장이 갈리는 것을 볼 수 있다. 아우구스티누스는 전자의 견해를 향한 오해를 지적하고 학문이 계시나 영감을 대치하는 것이 아님을 분명히 하고 있다.

> 내가 가리키는 방향을 알면서도 성경의 모호한 구절들의 의미를 캐내지 못하는 사람들은 마치 내 손가락은 보면서도 손가락이 가리키는 별은 보지 못하는 사람들과 같다. 그러니 이 두 부류의 사람들은 나를 비난하지 않는 것이 좋을 것이다. 오히려 더 충분한 안목을 주시도록 하나님께 기도하는 것이 낫다. 나는 무언가를 가리키려고 손가락을 움직일 수는 있어도 사람들의 눈을 밝힐 힘은 없다. 내게는 그들의 눈을 밝혀서 내가 가리키는 사실이나 물체를 보게 할 능력이 없다.[16]

사도시대에 에티오피아 내시가 빌립에게 배운 것과 같은 인간적

---

16) *De doctrina christiana*, Introduction, no.3.

배움의 예를 성경에서 많이 볼 수 있다.[17] 기독교 인문학은 기독교 신앙이나 신학을 인문학으로 환원시키려는 것이 아니다. 오히려 기독교 인문학은 인문학을 이해함으로써 신앙의 진리가 인문적 지식과 차별된다는 사실을 볼 수 있게 한다.

3) 인문학문의 역할은 진리의 발견과 전달

*De doctrina Christiana*에서 아우구스티누스는 인문학이 기독교 진리를 깨우칠 뿐 아니라 전하는 일에도 유용한 학문임을 인식하고 있다. 그리고 이 학문적 과정도 신앙 안에서 신의 도우심을 받아 이루어진다고 천명하고 있다.

성경을 해석하는 데 필요한 것이 둘 있다. 바른 뜻을 확인하는 방법과 확인한 뜻을 표현하는 방법이다. 먼저 뜻을 확인하는 방법을 논한 후에 확인한 뜻을 표현하는 방법을 논하기로 하자. 이것은 큰일이자 어려운 일이다. 이 어려운 일을 시작하는 것이 주제넘은 일일지 모른다. 내가 내 자신의 힘을 믿고 시작한다면 주제넘을 것이다. 하지만 이 일을 할 수 있다고 생각하고 기대하는 것은 내가 하나님을 의지하기 때문이다. 하나님께서 내게 이 문제에 관해 많은 아이디어를 주셨다. 그러므로 하나님께서 내게 주신 것은 사용하기 시작하면 그분은 내게 없는 것을 계속 더 더하여 주시리라 믿어 의심치 않는다.[18]

---

17) 『신약성서』, 사도행전 8장.
18) *De doctrina*, 1.1.1.

한편, 제4권의 목적은 전적으로 확인한 뜻을 전달하는 법을 알리는 것이라고 분명히 밝히고 있다. 여기서는 학문을 존중하지만 학문은 숭배의 대상이 아니라 이용의 대상이 되는데, 이는 마치 여행지 산천을 보고 감동하지만 돌아갈 고향을 잊지 않는 것과 같다.[19] 신앙의 영역에서 학문의 가치를 인정하고 수용할 때 부딪히는 문제는 기독교 신앙과 관계가 없거나 적대되는 세상의 문화적 요소, 즉 이교도의 지식을 어떻게 받아들일 것인가 하는 것이다. 이에 대해 아우구스티누스는 "모든 지식은 하나님의 것"이라는 명제를 제시한다.

> 성경을 이해하는 데 음악지식이 조금이라도 유용하다면 이교도들의 미신 때문에 음악을 배척하는 것은 옳지 않다. 머큐리가 문학의 수호신이라고 하여 문학을 무시해서는 안 된다. 진리가 어디 있든지 모든 진리는 주님의 것임을 모든 진실한 그리스도인은 깨달아야 한다.[20]

> 이교도들의 학문에는 그릇되고 미신적인 공상, 불필요한 수고와 무거운 짐이 얹혀 있으므로 우리가 그리스도의 지도를 받아 그들과 결별할 때 마땅히 그것들을 기피해야 한다. 그러나 그들의 학문에는 진리 탐구에 유용한 교양도 포함되었고 훌륭한 도덕적 교훈도 들어 있다. 심지어 유일신 경배에 관한 진리도 있다. 이런 것들은 그들의 금과 은으로서 그들이 창조한 것은 아니라 파낸 것일 뿐이다. 하나님의 섭리의 광산은 도처에 있다.[21]

---

19) Ibid., 1.4.1.
20) Ibid., 2.18.28.
21) Ibid., 2.4.60.

16세기 종교개혁자들도 모든 진리가 하나님의 것이라는 명제를 그대로 수용한다. 그들은 세상에 속한 것 중에서 취할 수 있는 지식들의 예를 다음과 같이 제시한다: 속기술과 역사 지식, 자연과학은 미신이나 주술과 구별할 경우 수용할 수 있다. 논리학은 신약의 고린도전서 15:13("만일 죽은 자의 부활이 없으면 그리스도도 다시 살아나지 못하셨으리라")같은 구절을 올바로 해석하는 데 필요하다. 논리적 이치를 놓치고 헤매는 자는 하나님의 말씀을 오해한다. 추리법은 학교에서 배우고 전제는 교회의 성경에서 연구한다. 웅변술 자체는 무해하다. 하지만 세상에서 유행하는 학문들을 잘 분별해야 한다.22) 아우구스티누스는 인간의 허영이 다른 영역 못지않게 지성의 영역에서도 현학과 유행의 병폐를 낳고 있다고 지적하고 있다.

4) 아우구스티누스와 수사학 전통

이 책(De doctrina christiana) 제4권에서는 수사학의 역할에 대해 본격적으로 논의하기 시작한다. 오히려 그는 진리를 전하면서 설득과 감동을 주기 위해 어떻게 최선을 다하지 않을 수 있는가 하고 반문한다. 그는 수사학이 이 책의 목표가 아님을 전제하면서, 기독교 교사가 수사 기술을 이용하는 것은 정당하다고 주장한다.

---

22) Ibid., 2.39.58.

수사기술은 진리나 거짓을 주장하는 데 효과가 있으니 진리를 옹호하는 사람은 전혀 무장하지 않은 채 전하려는 진리가 거짓 진리와 맞서게 하라고 감히 말할 수 있는 사람이 어디 있단 말인가? 거짓 진리를 주장하는 이는 그 힘찬 언변으로 청중의 마음을 흔들고 녹이며 활기를 주고 흥분시키면서 그릇된 의견을 청중에게 불어넣고 있는데, 진리를 옹호한다고 하면서 느리고 무뚝뚝한 말로 청중을 졸게 해도 좋다는 것인가? 어떤 미련한 사람이 이걸 지혜라고 생각하는가?[23)

내용이 풍부한 논법, 즉 웅변술에는 일정한 원칙들이 있고 이 원칙들이 거짓을 믿게 하는 데도 이용될 수 있지만, 이 원칙들 자체는 여전히 옳다. 어찌 진리를 전할 때라고 해서 설득과 감동을 주기 위해 최선을 기울이지 않을 수 있는가? 그게 말이 되는가?[24)

암브로시우스나 히에로니무스는 수사학이 초등교육에 포함되어야 한다는 것은 인정했지만 기독교 사역자를 양육하는 고등교육에까지 포함되어야 하는지에 대해서는 확신하지 못했다. 그러나 아우구스티누스는 수사학이 단지 예비교육에서만 아니라 신앙사역에도 적극적으로 활용되기를 바랐다.

그러면 아우구스티누스는 왜 그처럼 적극적으로 이교적 세속학문의 수용을 주장했을까? 이는 학문과 교육에는 위기의 때에 그 시대의 긴급함을 인식하는 힘이 있기 때문이다. 특히 역사적으로 학문적 수사학은 문명전환기에 민감하게 반응하였다. 플라톤과 아리스토텔

23) Ibid., 2.37.55.
24) Ibid., 2.37.55.

레스의 수사학은 알렉산드로스 제국과 고전 그리스 문명이 종말을 앞둔 때에 등장했고, 키케로는 로마 공화정의 마지막 철학자요 웅변가였다. 퀸틸리아누스는 2차 소피스트시대의 도래를 내다보고 있었고, 아우구스티누스는 게르만 야만족에 의해 기독교 로마제국이 붕괴되기 직전에 활약하였다. 진실의 호소력만으로는 대중들을 움직일 수 없을 때는 작은 차이가 결정적인 차이를 규정하며, 이 시기에 우리는 누구나 가능한 모든 힘을 발휘하여 대중을 설득하려고 한다. 이런 위기의 때 수사학은 천군만마와 같은 역할을 하는 것이다.

자기시대를 향한 아우구스티누스의 지성적 과제는 기독교 정신과 이교적 고대 문화를 종합시키는 일이었다. 그는 끝까지 기독교적 방안에서 해결점을 찾으려고 하였지만, 고전적 방법과 논리에 의존하여 자신의 입장을 전개시켰다. 아우구스티누스의 시대는 고대를 정리하고 새 시대를 열어 줄 대안을 강하게 요구하고 있었던 것이다.

5) 논리학 전통과 수사학 전통

인문학과 신학의 관계와 관련하여 대단히 중요하고 생산적인 주제가 하나 있다. 그것은 신학과의 관계에서 수사학 정신이 갖는 역할이다. 수사학은 서구 지성사에서 논리학 및 형이상학 중심의 철학전통과 함께 양대 맥락을 이루는 중요한 정신적 전통인데도, 인문주의 전통에 대한 관심과 연구가 약화되면서 간과되어 온 주제이기도 하다.

(1) 수사학의 개념

아우구스티누스를 좁은 의미의 신학자로서만이 아니라 고대의 기독교 지성사를 대표하는 인물로 조명할 때는 당대의 학문사조 중 수사학과 관련된 부분을 자주 언급하게 된다. 특히 수사학은 인문학의 성격과 기능을 신학과 비교하면서 설명할 때 늘 거론된다. 수사학은 인문학적 사고의 독특한 특성을 형성하는 인문학의 중요 구성 요소다. 따라서 이제 수사학과 수사학적 전통, 수사학 정신에 대해 좀 더 상세히 살필 필요가 있다.

우리는 추상적인 또는 막연한 보편적 진리를 진술하는 데 그치지 않고 인간 삶의 영역들을 전체적으로 포괄하고 또 적실성을 갖춘 기독교적 지식(기독교학)을 생산하려면, 학문과 인간 지식 체계 자체의 구조와 특성은 물론이고 지식을 만드는 사고 구조와 유형을 이해해야 한다. 인간의 정신 구조는 많은 대극(對極)으로 이루어진다. 이는 좌뇌와 우뇌, 지능지수와 감성지수, 아침형과 저녁형, 헤라클레스형과 헤르메스형 등 학문적 사고 유형이나 일상적인 삶의 태도와 성향에서 모두 우리는 이런 대극을 만날 수 있다. 서양정신사 또는 서양 학문의 발달 과정은 두 전통, 즉 논리학 중심의 철학적 학풍과 수사학 중심의 학풍이 서로 대립하고 경쟁한 과정이라고 할 수 있다. 고대의 소크라테스 철학과 소피스트 철학, 중세 말의 스콜라철학과 르네상스 인문주의, 현대의 모더니즘과 포스트모더니즘 간의 갈등과 경쟁이 그 대표적 예다. 그리스의 소피스트, 로마의 키케로, 중세의 문서작성자들, 르네상스의 인문주의자들이 수사학 전통의 대표적 유형이라 할 수 있다.

수사학(rhetoric)이라는 용어는 변증학(dialectic)과 마찬가지로 다양한 의미로 이해되곤 하는데, 여기에는 긍정적인 의미와 부정적인 의미가 있다. 수사학에 대한 일반적 인식은 호의적이지 않다. '수사적'이라는 말에서 우리는 피상적이고 형식적인 표현상의 기교라는 뉘앙스로 들을 때가 많다. 이것은 고대 수사학이 무가치한 언어의 유희로 전락한 데서 기인하는 것일 뿐 키케로나 아우구스티누스가 옹호한 수사학의 개념은 아니다. 그들에게 진정한 의미의 수사학은 지혜와 문체의 조화로운 통일을 뜻한다. 이때 수사학은 고대의 공적 생활에서 중요시하던 논쟁과 설득의 기능, 즉 재판할 때 배심원 역할을 하거나 정치집회에서 정의를 분별하고 현명하게 국사를 처리할 때 쓰는 언어 구사 태도와 기술에 관한 학문(discipline)을 말한다. 따라서 말재주 또는 언어와 커뮤니케이션의 기예라는 뜻으로 쓸 때는 기술(technique)의 범주에 포함시켜서 '수사술'로 부르는 것이 더 적절할 것이다. 하지만 시의성과 개연성을 추구하는 하나의 정신 자세와 학문 전통을 가리킬 때는 학문(discipline)의 범주에 포함시켜서 '수사학'이라고 부르는 것이 옳다.

(2) 수사학 정신의 적극적 기능

수사학은 표현 기교를 연마하는 데 그치지 않고 세계와 인간을 깊게 고찰할 수 있게 해 준다. 웅변가와 수사학자는 설득력을 얻기 위해 말하려는 주제의 내용과 성격을 최대한 풍부하게, 구체적으로, 상세히 드러내고 설명한다. 또한 청중의 환경과 삶의 정황, 심리적 상태까지 세밀하게 통찰하려고 시도한다. 종교와 이데올로기 같은 신조적 지식을 다룰 때 종종 나타나듯이, 본성이나 필연적 원리에만 기대려고 할 때는 복잡한 과정을 고려하지 않고 오직 주관적인 단정과 선언에 그치게 된다.

수사학은 역사가들이 개개 사건을 그 자체의 고유한 역사적 정황에 비추어 고찰하게 하였으며 사건들 간의 상호관계에 유의하면서 비판적으로 파악하게 하였다. 이러한 수사학적 지침이 없었다면 르네상스의 문체가 성취한 고전 형식의 부활도 공허한 이데올로기가 되었을 것이다.[25]

6) 맺는말

기독교 인문주의(또는 기독교 인문학)는 학식 있는 경건(learned piety / docta pietas)이고 유연하고 적실성 있는 신학적 사고를 가능케 하는 학문이며 건강한 기독교 사회로 발전하기 위해 반드시 필요한 지적 요소다. 그러나 신학과 인문학의 중간지대에 있기에 일반 대학에서나 신학연구기관에서 지극히 주변적인 관심의 대상이 되어왔다. 위에 같은 역사 기술만으로도 우리의 상황을 비추어 볼 거울을 얻게 된다는 것을 충분히 느낄 것이다. 오늘날 기독교 지성운동

---

25) Nancy Struever, *The Language of History in the Renaissance*(1970), pp.65 - 90.

에서 드러나는 갖가지 난점들은 학문의 본질적 기능과 가치를 정확히 인식하지 못한 데서 기인한다. 정확한 인식의 결여가 확신과 신념의 빈곤을 낳았고, 학문마저도 외형주의에 빠져 있다. 학문에서 외형주의는 학벌주의로 나타나며, 이는 학문의 본질적 기능에서 벗어난 종파주의로 귀결되곤 한다. 종교에서 반지성주의를 소극적으로 혹은 적극적으로 주장하는 이들은 실제로는 내면의 지적 작업을 두려워하고 있다. 그러나 가톨릭 철학자 질송(E. Gilson)의 지적대로, 세상 신(神)이 가장 못견뎌하는 것은 바로 지적 영역이 하나님께로 돌아가는 것이다.[26] 그것이 현실을 결정하기 때문이다. 현재의 빈곤한 기독교 지성운동의 책임은 지적 운동을 담당하는 기독교 학문 연구자들에게 있다. 그들이 신앙과 학문의 관계를 올바로 보여주지 못한 탓이다. 영적 차원을 사회, 문화적 요소로 환원하는 일이 많았고, 영적 자세를 가다듬기만 반복할 뿐 콘텐츠와 텍스트 생산 실적은 초라했다. 무엇보다 전제와 본론을 구별 못 하는 학문적(?) 발언들이 학문무용론을 낳았다. 지금은 학문 일반의 업적들을 적극적으로 활용하여 방법론을 개발하고 기독교 고등교육의 콘텐츠 생산에 좀 더 집중할 단계라고 생각한다. 세계문학사 기술을 시도하는 한국문학자는 철학사와 문학사의 종합을 제시하면서 신학자 아퀴나스의 에피고네이(후예들)가 14세기에 와서 부딪힌 패러다임의 시효 한계를 단테 같은 시인들이 돌파해 주었다는 통찰을 보여주기도 하였다.[27] 필자는 기초적인 시도로서 한국과 동서양을 아우르는 기독

---

26) Gilson, "Intellectual Service for Christ, the King" in A. Pegy ed., *Gilson Readers*(Image Books), p.56.

교 인문주의 전통에 대한 집단 연구를 제안하고자 한다.

지금은 기독교 학문을 위한 큰 기회의 시기다. 교육 영역에서 들려오는 필요와 요청이 큰 압력으로 다가오고 있기 때문이다. 각지의 기독교학교 운동에서도 예전의 미션학교들과는 달리 교과 내용에서 기독교 세계관에 입각한 교육을 시행하려는 움직임들이 일어나고 있다. 이것은 종교 과목 외의 과목에서도 신앙과 학문을 결합시킬 수 있는 교사 양육이 절실하다는 뜻이기도 하다. 기독교학교는 잘 훈련된 교사들을 발굴할 뿐 아니라 그런 훈련을 경험하지 못한 교사들에게 신앙과 학문을 통전할 수 있도록 도와야 할 것이다.

2. 중세의 기독교 인문주의

여기서는 로마제국이 해체된 후 기독교 역사에서 인간과 세계에 대한 지식은 신학적 학문과 어떠한 관계를 맺으며 발전해 나갔는지를 살필 것이다. 중세의 학문과 교육에서 고전 전통과 신학을 제외한 다른 학문 전통들은 어떻게 지속되었고 또 어떤 결과를 만들어 냈는가의 문제는 기존 중세 교회사에서 매우 주변적인 관심사였고 따라서 단편적으로 다루어질 뿐이었다. 그러나 오늘날 문화사적 교회사 (cultural history of church) 또는 기독교 지성사(Christian intellectual history)를 학문적 장르로 성립시키려면 이런 관점에 대한 연구는 중

---

27) 조동일, 『철학사와 문학사』(서울, 지식산업사, 2001), p.67.

심 주제가 되어야 한다.

로마제국의 붕괴와 몰락은 당시 사람들에게는 세상의 종말로 다가올 만큼 엄청나게 심각한 문명 파괴 상황이었다. 겉만 보면 고대 세계 전체가 사라진 듯 여겨질 정도였다. 게르만족의 로마제국 침입과 파괴는 헬레니즘 문화나 로마시대의 기독교적 성취를 막론하고 문명의 자취라고는 찾아보기 힘들 만큼 심각하게 훼손하여 로마제국을 '야만의 바다'로 만들어 놓았다. 이런 상태에서 유럽이 현재 우리가 아는 중세 유럽이 되기 위해서는 종교와 문화가 모두 재건되어야 했다. 다시 말해서 게르만 정복자들을 기독교로 개종시키는 과업과 고대의 지적 문화유산을 회복시키는 과업을 동시에 수행해야 했다.

그렇다면 '중세'라고 부르는 이 시대의 서구 세계는 누가 혹은 어떤 영적·문화적 세력이 다시 건설하였는가? 여기서 우리는 문명 파괴기로 볼 수 있는 중세 초기에 일어났던 수도원 운동에 주목하지 않을 수 없게 된다. 중세 모든 시기를 망라하여 수도원 운동은 세 차례 거대한 파도를 통해 서구 문명을 종교·문화적으로 형성하고 갱신하고 보존하는 역할을 감당하게 된다.

1) 중세 문화사의 시대 구분

중세 초 파괴된 기독교 문명 속에서 사람들은 하나님 지식(영적인 지식)과 함께 인간과 세계에 대해서는 어떤 지식을 가지고 있었는가? 자기시대의 삶과 역사를 어떻게 꾸려 나갔는가? 우리는 중세 초기 영적 생명력의 원천이었고 기독교 문화의 담지자였던 수도원 운동의 실체를 영적 차원과 문화적 차원을 모두 고찰할 것이다.[28] 먼저, 중세의 형성기인 초기와 가톨릭교회가 과도한 세속적 지배력을 행사했던 중기 및 후기를 구별하기 위해 중세의 시대 구분에 대하여 간략히 살펴보자.

서양의 중세 역사는 편의상 초기와 전성기, 말기 등 세 시기로 나눈다. 5세기에서 15세기까지 1000여 년의 장구한 기간 동안 기독교가 중세인들의 삶에서 가장 중요한 역할을 했다는 것 외에는 달리 큰 공통분모를 찾을 수 없을 만큼 이 시기는 변화무쌍한 시대였다. 따라서 중세의 각 시기를 중세적 특성이라는 몇 가지 관념으로 쉽게 단순화하기보다는 각 단계에서 일어난 변화와 성취에 주목하면서 이해해야 한다.

중세 초기는 5세기에서 10세기까지 지속되었으며 '암흑의 중간기'로 불릴 만한 시기였다. 게르만족의 침입으로 로마제국의 국가체제와 시민적 질서가 해체되었고 그 결과 물질적·지적 성취 수준이 매우 낮은 상태였다. 그러나 이런 외적인 사회·문화적 차원 이면을 보면 이 시기는 유럽의 장래를 위한 지극히 중요한 영적 토대가 마련되고 있던 시기였다. 그레고리 교황(Gregory the Great)과 베네딕트 수도원을 통해 기독교의 영적·제도적 기반이 세우지고 유럽인들의 문화적 동질성이 형성되고 있었기 때문이다. 또한 기독교와 함께 중세 문

---

28) 문명사에서 이 두 차원의 성취를 구별하는 관점은 Christopher Dawson에 의한 것이다. Christopher Dawson, *Historic Reality of Christian Culture*(London, Sheed and Ward, 1973) p.2.

명의 양대 원리라고 할 수 있는 봉건제가 성립되기도 하였다.

중세의 전성기는 11세기에서 13세기에 이르는 시기를 말한다. 이 시기는 사회적 안정을 되찾았으며, 인류 역사상 가장 창조적인 시기 중 하나였다. 이 시기에 유럽인들의 생활수준이 크게 향상되었고, 대학과 스콜라주의로 대표되는 새로운 교육제도와 사상이 발전하였으며, 탁월한 종교 사상과 문학, 예술을 창조했다. 봉건제가 정착되었고 그 속에서 게르만적 요소와 기독교적 요소가 융합된 형태인 기사도 문화가 등장하였다.

13세기 중반 이후부터 15세기까지에 이르는 중세 말기에는 심각한 경제 불황과 무서운 질병(흑사병)과 재난 때문에 전성기에 이룬 많은 성취들이 소멸될 위기에 처한다. 세속 권력을 쥐락펴락했던 교황의 권위와 지배력이 약화되면서 세속군주와 지식인들의 자기주장이 강화되었으며, 적실성을 잃은 스콜라주의 학문의 대안으로 고전 연구에 기초한 인문주의 사상이 출현하였다. 유럽 사회는 지리상의 발견으로 농업에서 상업 중심의 문명으로 전환하였고, 르네상스와 종교개혁을 통해 문화의 비전을 확장하였으며, 성서적 기독교 신앙을 다시 발견하면서 근대로 이행해 가고 있었다.

2) 중세 초기 영적·문화적 기관으로서의 수도원

(1) 수도원의 출현과 수도원적 이상의 변천

수도원 운동(monasticism)은 영적인 동기로 시작한 신앙운동이었지만, 중세 기독교 문명의 기초를 형성하는 심대한 문화적 영향을 남겼다는 점에서 중요한 기독교 문화사의 주제가 된다. 수도원이 맨 처음 출현한 시기는 파코미우스가 이집트 지방에 수도원을 설립한 A.D. 320년으로 본다. 이 시기는 수도원 운동의 성격과 관련하여 시사하는 바가 크다. 즉 313년 콘스탄티누스 황제가 기독교를 공인하면서 그전까지는 박해의 대상이던 종교가 로마제국의 공식 종교의 지위를 누리기 시작한다. 노예들의 종교요 이류 시민들의 종교로 간주되던 기독교가 황제에게서 절대 권력과 부를 지원받으면서 제국의 정신적 지도 원리로 존중받고 높여지기에 이른다. 이 때문에 교회는 갑자기 물밀듯 들어오는 새로운 개종자로 넘치게 된다. 이것은 교세의 관점으로 보면 획기적인 성장을 가져온 사건이지만, 신앙 공동체의 영적 상태의 관점에서는 신앙의 질의 급격한 저하를 초래한 단초가 되었다고 평가할 수밖에 없는 상황이 되었다. 흔히 노미날리즘(명목주의 신앙, nominalism)이라고 부르는 영적 차원의 '물타기' 현상이 교회 안에 일어난 것이다. 물론 그렇다고 해서 교회가 계속 박해 아래 있었어야 했다고 주장할 수는 없다. 고대는 물론 중세에 이르기까지 개종은 대개 정치적으로 또한 집단적으로 이루어졌으며, 이것은 황제를 중심으로 권력 집중이 심한 로마제국에서 황제의 개종 때문에 생긴 필연적인 결과라고 할 수 있다. 여기서 중요한 것은, 이런 역사적 변동으로 생긴 영적 상황의 변화에 신앙 공동체가 어떻게 반응했는가 하는 것이다.

(2) 중세 초기 수도원 선교 운동의 양대 흐름

수도원은 1차 신앙공동체인 교구교회(modality)가 충족하지 못한 철저한 제자도(discipleship)나 특수한 소명을 실천하기 위해서 조직되는 2차 신앙공동체(sodality)의 전형이다. 수도원은 순전히 영적 동기로 출발한 신앙공동체였지만, 로마제국이 붕괴된 이후 게르만의 민족대이동으로 문명이 심각하게 파괴되는 상황에서 고대 유산을 잘 보존하고 중세 기독교 문명의 기초를 형성하는 문화적 기관 역할을 수행하게 된다. 영적 기관인 수도원이 '야만의 바다' 속의 섬과 같은 문화적 역할을 할 수 있게 되는 과정을 알려면 수도원적 삶의 이상이 어떻게 변천되었는지를 먼저 이해해야 한다.

수도원의 초기 이상(ideal)은 죽어가는 문화로부터 탈출하는 것, 즉 로마 말기의 문화적 퇴폐와 윤리적 타락, 그리고 이것으로부터 완전히 자유하지 못한 교회를 떠나서 세속과 분리된 경건의 삶을 추구하는 것이었다. 이런 이상 때문에 고립된 개인으로 은수자(隱修者)의 수행을 통해 영웅적 신앙의 사례를 남기는 이들도 있었고, 무질서한 방랑과 광신적 고행에 빠지는 사례도 있었다. 그러나 5세기 이후에는 점점 사회적이고 협동적인 삶을 이상으로 삼고 추구하는 방향으로 수도원 운동의 흐름이 정착되어 갔다. 먼저 북방에서 이런 경향이 시작되었고 남방의 라틴 계통의 수도원도 이 방향으로 발전하였다. 북방의 수도원은 패트릭(Patrick)에게서 시작된 아일랜드 교회의 선교 운동(켈틱 선교 운동)을 통해 성립된 수도원들인데, 이들은 게르만 부족 사회 속까지 들어가는 등 강력하게 선교를 수행하였다. 남방에서는 아우구스티누스와 바실리우스 등이 원시(초대) 교회의 공동체적 이상을 수도원에 도입하였고, 베네딕트가 수도원 규칙(the Rule)을 제정함으로써 수도원은 더욱 제도화되었다. 이들은 공동체적 삶이 은자(隱者)의 고적한 금욕주의보다 원리적으로 완전하며, 이러한 삶을 사는 데 필요한 탁월성을 성취하기 위해서라도 공동체적 삶이 필요하다가 생각하였다.

우리는 이 역사적 신앙운동에서 신학적·영성적 차원의 능력과 함께 발현된 문화적 차원의 능력에 주목할 필요가 있다. 역사적 기독교 전통을 살필 때 단지 기독교의 지적·문화적 유산을 발견하는 데서 그치지 않고, 그것이 영적 맥락과 어떻게 긴밀히 연결되어 있는지를 이해하는 것이 중요하다. 즉 이것은 그 둘 사이를 떼려야 뗄 수 없이 연결시키는 결합 양식(mode)을 숙지해야 한다는 뜻이다.

(3) 로마제국의 멸망과 제국종교의 운명

로마제국 해체기에 제국 종교로 부상한 기독교가 나아갈 길은 어디였는가? 기독교는 문명이 종말을 고하는 상황에서 어떻게 야만족의 파괴로부터 살아남았으며, 오히려 그들을 개종시킨 수도원이 가진 생명력의 원천은 무엇인가(히11:37-38)? 우리는 이것을 알기 위해 로마제국 말기의 상황부터 살펴야 한다. 알라릭(Alaric) 등 게르만족이 쳐들어왔을 때 로마제국은 군사적으로 패하기 전에 이미 사회적으로 해체 상태에 있었다. 유럽 전체가 혼란과 파괴를 맞았고, 세상의 종말이 왔다고 여길 만큼 정신적 공황상태였다. 상황이 이렇게 되자 교회는 일부 국가 기능을 대신하기도 하였다. 예를 들어, 롬바르드족이 중부 이탈리아를 침입했을 때(6세기 말) 교회가 주민들에게 식량을 공급하고 토지세를 징수한 것은 아주 자연스러운 일이었다. 이때 과세와 사회보장제도를 책임진 교회의 수장은 그레고리 대교황(Gregory the great)이었다. 그는 롬바르드족이 점점 침입해 오자 방어군 군사 책임자를 임명하고 롬바르드족 추장 두 명과 평화조약을 체결하기도 했다. 595년 이후 롬바르드족은 황제의 대리인보다는 교황을 정치적으로 더 중요하게 여길 만큼 이 시기의 교회는 정치·문화적으로 중요한 역할을 담당했다. 이러한 주목할 현상은 교황청과 교구 체계라는 1차 제도교회(modality)보다는 수도원으로 대표되는 특수한 신앙공동체(sodality)에서 현저하게 나타났다.

(4) 카롤링 르네상스(Carolingian Renaissance)
: 수도원에 의한 고대 고전의 전승

로마제국이 해체된 이후 주후 5-8세기 동안 수도원은 선교 활동을 통해 야만족을 개종시켜서 기독교 왕국을 성립시키고, 고대의 학예를 보존하고 전승하여 중세의 문화 활동을 위한 토대를 마련해 주었다. 중세 초기(주후 450 – 1050) 세계 역사의 무대에서 서방 기독교 문명의 위치는(아시아와 비교하지 않더라도) 비잔틴이나 이슬람 문명과 비교할 때 매우 저급한 수준에 불과했다. 10세기의 한 아랍인 지리학자는 "그들은 몸집이 크고 성품이 천박하며 예절도 모르고 무도하다."라고 기록하고 있다. 정신적으로뿐 아니라 물질적으로도 매우 원시적인 삶을 살았기에, 한 역사가는 이 시기를 '500년 동안의 야영생활'이라고 부르기도 했다. 이런 상황에서 주후 800년경 서북유럽의 비옥한 농업지대에 자리 잡고 있던 프랑크 왕국은 대외적으로 영토를 확장하였을 뿐 아니라 로마 교회와도 협력 관계를 잘 유지하여 서유럽제국으로 발전하였다. 비록 프랑크 제국은 오래 지속되지 못했지만, 장차 서유럽의 문화적 통일을 이룰 기초가 이때 만들어졌다. 중세 사람들이 전설적인 영웅으로 기억하는 프랑크 제국의 군주 샤를마뉴(Charlemagne, 742 – 814)에게는 확장된 영역을 잘 통치하려는 실제적인 동기와 고대 학문에 대한 열렬한 호기심이라는 개인적인 동기 때문에 주목할 만한 학문의 부흥을 꾀하였다. 그가 학문을 부흥시키기 위해 영국의 노섬브리아(Northumbria)에서 초빙해 온 당대 최고의 학자 알쿠인(Alcuin, 735년 생)은 샤를을 "하나님의 백성 가운데 뽑힌 지도자이자 제2의 다윗"이라고 하였다. 그는 샤를이 이교를 믿는 야만족이 기독교 세계를 침범하지 못하도록 국경을 지켰을 뿐 아니라, 교회 자체를 지도하고 보호하여 가톨릭 신앙을 이단과 신학적 오류로부터 지키고 있다고 말한다. 이것은 교회가 국가의 우월한 권위에 예속되었다기보다는 기독교 공동체 안에서 교회와 국가 간의 구별이 희미해졌고 그리 중요하지 않게 되었

음을 보여준다.[29]

3) 중세의 신학과 문화적 상황

(1) 중세 신학의 종합과 해체
: 아우구스티누스, 토마스 아퀴나스, 오캄

■ **아우구스티누스**

중세에서 신학은 다른 모든 문화 활동의 지적 인프라 역할을 했기 때문에, 중세신학의 윤곽을 아는 것은 마치 사회사 연구에서 당대의 경제적 토대를 이해하는 것만큼이나 필수적인 일이다. 기독교가 초기에 성공을 거둘 수 있었던 것은 이교도의 학문 체계를 받아들여 기독교의 교리 체계를 확립한 초기 교부들의 노력 때문이었다고 할 수 있다. 4세기 중엽부터 5세기 중엽 사이에 기독교 세계에는 몹시 수준 높은 신학자들이 대거 출현하여 기독교가 이교도 문화를 흡수하여 변형시키는 일을 주도하였다. 그중 가장 대표적인 인물이 북아프리카 히포의 주교였던 아우구스티누스다. 397년에 저술한 그의 작품 『고백록』은 문학사에서 가장 뛰어난 업적 중의 하나로 꼽히며, 역사상 최초의 지적 자서전이라고 말할 수 있다. 이 책에서 아우구스티누스는 자기 삶에서 일어난 외적인 사건들을 기술한 것이 아니라, 중년을 맞이한 주교의 관점으로 "마음 속 이야기",

---

29) Christopher Dawson, *Religion and the Rise of Western Civilization,* 노명식 역, 『서구 문화와 종교』(서울, 현대사상사), p.97.

즉 자신의 종교 경험의 역사를 기록하고 있다. 이 책에는 개인적인 개종과 관련된 이야기가 많이 들어 있다. 그런데 이 책의 특히 중요한 점은 그 개종 이야기를 인간의 영혼 속에서 '신의 흔적'과 교류하려는 개인적 투쟁 이야기라는 매우 독특한 구조로 바꾸어놓았다는 데 있다. 아우구스티누스는 신의 의지를 발견하는 것 – 즉 개종 – 을 인간 생활의 정점으로 생각하였다. 『고백록』은 "거대한 정신적 질병을 앓고 그 질병에서 회복되어 가는" 과정을 그린 이야기다.

그는 성경에 주석을 달기도 하였고, 기독교 신앙생활의 모든 측면에 관하여 교리를 만들고 설교하고 편지를 썼다. 그 결과 아우구스티누스는 교회 역사에서 그 누구보다도 서방 기독교의 지적 발전에 큰 영향을 미치게 되었다. 그의 이런 업적은 현재까지도 성직자, 신도, 철학자들에게까지 영향을 미치고 있으며, 성서에 붙인 그의 주석은 중세는 물론이고 종교개혁 시기까지도 성경 해석의 근거가 되었다.

그러나 무엇보다도 그의 가장 중요한 저술은 복잡하고 미묘한 책인 『신국』이다. 이 책은 주후 410년 서고트족이 국왕 알라릭(Alaric)의 주도로 반란을 일으켜 "영원한 도시"라고 부르던 로마를 약탈한 사건에 자극받아 쓴 것이다. 그 당시 로마의 비기독교들은 로마가 게르만 사람들에게 약탈당한 것은 로마가 이전부터 숭상하던 신을 버리고 기독교를 받아들였기 때문이라고 주장하였다. 기독교인들 역시 로마가 약탈당하는 것을 보면서 낙심하고 극심한 가치관의 혼란을 겪는다. 그들 역시 로마제국이 기독교로 개종한 이후 전 세계를 하나님의 의지에 따라 재편성하기 위해서는 교회뿐 아니라 로마제국도 필요하다고 생각했기 때문이다. 그런데 이제 로마제국이 붕괴될 위기를 맞자 그들은 기독교도 함께 무너질지 모른다는 생각을 하게 된 것이다. 이제 이런 참상 앞에서 낙관주의적 관점, 즉 신의 의지는 역사를 통해 쉽게 드러난다는 관점은 다른 종류의 설명을 제시해야만 했다. 413년부터 426년까지 아우구스티누스는 이런 비난을 논박하기 위해, 그리고 세속 국가와 기독교 신도들의 정신적인 국가 사이의 이상적인 관계를 확립하려고 시도하였고, 그 결과로 나온 것이 바로 『신국』이다. 이 책에서 아우구스티누스는 기독교의 운명과 로마제국의 운명을 분리시키고 있다. 그는 별개의 두 국가, 즉 신의 국가와 인간의 국가가 존재한다고 주장한다. 인간 나라는 이기적이고 악하고 타락하지만, 신의 나라는 선하고 이타적이고 영원하다. 그리스도인들은 인간이기에 잠정적으로 세속 세계에 살아야 하며 그 속에서 평화를 유지하기 위해서는 세속적인 제도를 이용해야 한다. 하지만 그리스도인들은 내세와 구제, 즉 신의 나라를 궁극적인 관심 대상으로 삼아야 한다. 그리스도인들이 다스리는 로마제국이라 할지라도 그것은 세속 국가이며 죽을 수밖에 없는 인간이 만든 불완전하고 불안정한 나라일 뿐이다. 따라서 로마제국이 멸망한다 해도 그것은 놀랄 일도, 중요한 일도 아니다. 그리스도인들의 로마제국이라 할지라도 그것은 세속계에 속하기에 부패할 수밖에 없고 따라서 영원할 수 없기 때문이다. 단지 신국(神國)만이 영원하고 이 영원한 나라를 추구하는 것이 바로 그리스도인들의 의무다. 세속 사회의 지배자들의 임무, 특히 그리스도인 지배자들의 임무는 타락한 인간의 저열한 본능을 억제하고 기독교적 생활에 도움이 되도록 세속 세계의 평화를 유지하는 것이다. 더 나아가 아우구스티누스는 옛 로마의 신들은 결코 로마를 도와준 일이 없다고 논박한다. 아우구스티누스의 결론은 이렇다: 우리는 신의 나라를 향해 영원한 충성을 맹세해야 한다. 로마제국이 어떻게 되든 기독교는 계속 유지될 것이다. 그리고 그의 결론은 정확했다. 아우구스티누스는 죽기 전에 자신이 살던 북아프리카에서 로마 문명이 파괴되는 것을 보았고, 그가 사망한 430년에는 자신이 살던 도시 히포가 게르만의 반달족에게 포위된 상태였다. 하지만 그의 말대로 기독교는 사라지지 않고 남았다. 고대 말기의 가장 중요한 저작으로 꼽히는 이『신국』은 기독교 역사철학을 매우 감명적으로 표현한 최초의 저작이자 여전히 가장 중요한 책으로 손꼽힌다. 이 책은 완전히 세속적인 역사관이나 정치 철학에 대해 분명히 도전하고 있다.

■ **토마스 아퀴나스**

중세 전성기의 기독교 신학을 집대성한 사람은 토마스 아퀴나스다. 보통 중세를 '암흑시대'라고 말한다. 그것은 중세 초기를 말할 때는 어느 정도 타당성이 있지만, 충분히 적절한 표현은 아니다. 왜냐하면 중세 초기에 게르만족과 이슬람교도들의 침략으로 고전 문화, 특히 그리스의 학문과 과학이 파괴되었기 때문이다. 가톨릭교회가 중세 유럽에 대해 갖는 또 다른 중요성이 있다. 그것은 로마제국의 붕괴로 행정 조직이 마비되었을 때 유일하게 로마 가톨릭교회의 방대한 성직자 그물망만이 지속적인 영향력을 행사하는 서양의 제도였다는 점이 그것이다. 북쪽의 바이킹, 동쪽의 게르만과 마자르,

남쪽의 이슬람의 침입을 받으면서 중세 초기의 암흑시대에 유럽은 어느 정도 고립 상태에 놓이게 된다. 그때 서유럽은 그 자체의 인적, 물적 자원을 최대한으로 활용하는 법을 배워야 했고, 그 결과로 나온 것이 봉건제도와 장원제도다. 그 토대 위에서 중세 유럽은 점차 농업 생산력을 증대시켜 나갔고, 이런 농업 생산력의 증대는 11세기 이후 중세 문화가 개화되는 데 밑거름 역할을 하게 된다. 농업 생산력의 증가는 장기적으로 인구 증가를 초래하였으며, 이렇게 늘어난 인구는 상업과 교역의 부활을 예고하는 현상이기도 하였다. 이에 따라 이 시기에는 도시와 도시 문화가 싹트기 시작하고, 도시는 점차 문화와 교육의 중심지로 바뀐다.

도시의 문화와 교육은 고대 그리스 철학자들의 저술이 재발견되는 것과 맥을 같이하여 발전하였으며, 또한 동방교역의 부흥, 십자군 원정, 그리고 스페인에 거주하던 이슬람 지식인들과의 교류 역시 발전을 촉진하는 동력이 되었다. 8세기 말 카롤링 왕조의 르네상스 때는 고전 문화가 단지 수박 겉핥는 정도로만 부활되는데 그쳤지만, 이제 12세기에 이르면 고전 학문이 진정으로 부활하기에 이르렀다. 중세 초기에 파괴된 줄 그리스 학문은 사실 완전히 파괴되지 않고 이슬람 지식인들이 보존하고 있었다. 오늘날까지 남아 있는 대다수 그리스 원전은 아랍어나 시리아어로 번역된 원전을 다시 그리스어로 번역한 것들이다. 12세기 초 이슬람 지식인들을 통해 아리스토텔레스의 논리학, 유클리드의 기하학, 프톨레마이오스의 천문학, 그리스의 의술, 아랍의 수학, 로마법 등이 서유럽의 학자들에게 전파되었다. 이슬람 학자들은 고대 그리스의 저술을 보존했을 뿐만 아니라 그것에 방대하고 심오한 주석을 달기도 하였다. 이렇게 부활된 고대의 지식은 중세의 대학에서 활발히 연구되었다.

반면에 고대 학문이 부활되자 정통 기독교의 교리와 마찰을 빚게 된다. 중세의 대학에서 발전시킨 최대의 업적은 스콜라 철학이다. 스콜라 철학의 가장 큰 관심사 가운데 하나는 철학과 신학의 관계였는데, 여기에서 말하는 철학은 특히 새롭게 발견된 아리스토텔레스 철학을 말한다. 그리스도인들에게는 아리스토텔레스의 철학에는 이단적으로 보일 만한 사실들이 많이 들어 있다. 시간의 영원성에 대한 아리스토텔레스의 주장이 그 예다. 그는 시간에는 시작도 끝도 없다고 말하고 있는데, 이것은 창세기가 말하는 우주 창조에 대한 가르침과 모순된다. 창세기는 시간에는 시작이 있고 끝도 있어서 천지 창조에서 시작하여 최후의 심판으로 나아간다고 말한다. 또한 가톨릭교회의 가장 중요한 종교의식인 성체성사도 다른 예에 속한다. 중세의 그리스도인들은 성찬식을 거행하는 과정에서 빵과 포도주가 실제로 그리스도의 몸과 피로 바뀐다는 소위 화체설(化體設)을 주장한다. 하지만 아리스토텔레스의 물리학을 받아들인다면, 신자들이 환각 상태에 빠지지 않은 한 그것은 수용할 수 없는 교리가 된다. 삼위일체도 그렇다. 아리스토텔레스 철학에 비추어 보면 니케아 종교회의에서 가톨릭교회의 정통 교리로 인정받은 아타나시우스파의 삼위일체설－성부가 성자를 낳고 성부와 성자로부터 성령이 비롯되었으되 그 셋은 하나라는 주장－은 논리적으로 입증될 수 없는 모순을 담고 있다. 이런 신학적 도전 때문에 제2차 십자군 원정을 주도하기도 했던 성 베르나르 같은 교회 내의 보수 세력은 중세 대학의 인문학 교육, 특히 아리스토텔레스에 입각한 교육 과정은 신학의 친구가 아니라 적이라고까지 공격하였다.

그러나 문제는 거기에서 그치지 않는다. 수도원이나 교회의 성직자들이 중세의 지식을 독점하고 있었다. 중세 최고 지성들은 바로 이 계층에 속해 있었던 것이다. 지식욕이 많았던 그들이 새로운 아리스토텔레스 학문은 분명 거부하기 쉽지 않은 유혹이었을 것이다. 움베르토 에코(Umberto Eco)의 소설과 그것을 영화로 만든 『장미의 이름』을 보면 많은 성직자들이 살해된다. 그들이 죽은 원인은 무엇일까? 물론 그 성직자들을 중독시킨 독약 때문이겠지만, 그들을 죽음으로 몰고 갔던 것은 지식에 대한 탐욕과 다를 것이 없었다. 이러한 상황에서 필요한 것은 새로운 철학적 지식의 성과를 수용하면서도 기독교의 본질적인 교리를 손상시키지 않고 종합하는 일이었다. 그 과업을 성취한 인물이 바로 토마스 아퀴나스였다.

중세 최대의 사상가였던 그는 남부 이탈리아 출신이며 나폴리 대학에서 수학한 후 파리와 쾰른에서 알베르투스 마그누스의 지도 아래 연구했다. 알베르투스 마그누스는 아리스토텔레스의 모든 저작에 통달한 서방 최초의 인물이었다. 그런 스승 밑에서 아퀴나스가 수학하였다는 것은 큰 의미가 있다. 아퀴나스는 학문적 영향력이 절정에 달한 1268년 마침내 그 유명한 『신학대전』을 저술했다. 이 책은 백과사전식 방대한 저술이다. 아퀴나스는 12세기에 피에르 아벨라르(Pierre Ablard)가 개척한 논쟁적인 변증법의 방식을 사용하여 상반되는 여러 전거를 나열하고 논의를 전개시켰다. 그러면서 광범위한 문제부터 논의하기 시작하여 그것을 구체적인 논점과 연결시켰다. 이 과정에서 600여 개의 쟁점과 10,000여 개의 명제들을 제기하고 설명하였다. 하지만 그렇게 많은 쟁점과 명제들의 밑바닥에 흐르는 한 가지 대(大)주제가 있었다. 철학이 말하는 진리와 신앙이 말하는 진리는 서로 상충하지 않는다는 것을 밝히려는 시도가 바로 그것이다.

아퀴나스는 이성의 진리와 신앙의 진리가 개별적으로 존재하지만, 이 둘이 결코 서로 상반되는 것은 아니라고 확신했다. 그는 인간의 정신은 감각 경험을 통해 자연계에 대한 진리를 발견할 수 있다는 아리스토텔레스의 지식 이론을 받아들였다. 그러나 동시에 신이 계시해야만 알 수 있는 진리도 있다고 주장했다. 예를 들면, 신의 존재는 인간의 이성을 통해서도 확인할 수 있지만, 그것이 삼위일체의 신이라는 사실은 계시로만 알 수 있다는 것이다. 성체성사에서 빵과 포도주가 그리스도의 몸과 피로 바뀐다는 교리 역시 합리적인 논증을 통해서는 알 수 없고 신앙의 진리로만 알 수 있다고 한다. 아퀴나스는 초자연적인 진리는 자연적 진리와 모순되는 것이 아니라 오히려 보완해 준다고 믿었다. 그는 이렇게 말한다: "은총은 자연을 파괴하는 것이 아니라 완벽하게 만든다(fulfill)." 이렇게 하여 초자연적인 진리와 자연적 진리는 둘 다 기독교 철학자가 탐구할 수 있는 포괄적 전체를 이룬다고 아퀴나스는 주장한다.

이처럼 아퀴나스는 아리스토텔레스의 입장을 거의 전적으로 받아들였지만, 아리스토텔레스의 입장이 기독교 교리와 명백하게 모순될 때는, 계시적 진리라는 권위에 의존하는 데 그치지 않고 좀 더 적극적으로 이성적, 철학적 논리로 아리스토텔레스를 논박했다. 예를 들어, 앞에 언급한 시간의 영원성에 관한 문제를 다루면서 아퀴나스는 시간의 끝이 있는지 없는지는 이성적으로는 알 수는 없다고 말한다. 이런 식으로 시간엔 끝이 없다는 아리스토텔레스의 주장을 반박했다. 다시 한 번 요약하면, 아퀴나스는 초자연적 진리가 존재한다는 것을 입증함으로써 이성(철학의 진리)과 초자연(신앙의 진리)이 서로 모순되지 않는다는 점을 입증하였다. 바꾸어 말하면, 합리주의와 기독교적 신앙을 접합시킨 것이다. 지식의 논리에 관한 이런 시도를 정치 철학의 영역으로 확대시켜 보자. 인간 이성의 영역인 국가의 존재 필요성을 인정하지만, 그것은 불완전하기에 오직 초자연적 영역인 교회를 통해 다른 세계로 인도될 때 비로소 완전해진다고 본다. 이런 아퀴나스의 논지는 사실상 인간의 나라와 신의 나라를 구분하여 인간의 나라는 불완전하고 신의 나라를 추구함으로써만 인간은 구원을 얻을 수 있다는 아우구스티누스의 논지를 표현만 바꾸어놓은 것처럼 보인다. 실제로 철학사에서 아퀴나스는 합리주의 전통과 기독교 신앙을 성공적으로 종합시켰다는 평가를 받았지만, 궁극적으로 그에게 진리의 최종적 권위는 성서의 계시였다. 중세의 모든 학문은 신학의 시녀였다는 상투적인 표현은 이런 맥락에서 이해되어야 하는 것이다.

중세가 지난 뒤 한참 후에도 아퀴나스의 사상은 오랫동안 로마 가톨릭의 공인 철학으로 인정받았다. 그의 방대한 학술적 업적과 종합적 시도를 보면, 그가 왜 공인된 철학으로 인정받았는지를 이해하기란 어렵지 않다. 그러나 바로 그런 이유로 아퀴나스는 자기시대에는 많은 공격을 받았다. 그를 비판했던 사람들은 그가 이성을 너무 강조함으로써 소박한 신앙을 해치고 있다고 생각했다. 다시 『장미의 이름』에서 그 증거를 찾아보자: 마지막 장면에서 아리스토텔레스가 썼다는 가상의 희극론을 불태우던 수도원장은 윌리엄 수도사에게 아퀴나스를 비난하는 말을 한다. 아퀴나스가 아리스토텔레스의 철학을 받아들임으로써 진실한 기독교 신앙에 해가 끼친 것이 이유라고 한다. 하지만 어쨌든 이렇게 종합된 중세 스콜라 철학에 대한 위기는 보수주의자들에게서 온 것이 아니라, 철학적 유명론(唯名論)을 내세운 오캄(Occam)에게서 절정에 달하게 된다.

■ 오캄

14세기와 15세기에 이르면 중세 문명은 위기를 맞는다. 이런 위기의 직접적인 원인은 1337년과 1453년 사이에 영국과 프랑스 사이에 벌어진 백년전쟁과 유럽 도처에서 1348년과 1350년 사이에 발생한 선페스트(흑사병)였다. 불필요한 소모전이었던 백년전쟁의 결과 소위 '국민감정'이라는 것이 생기고 이로 인해 기독교 왕국을 통한 중세의 통일성이 붕괴되었다. 게다가 장기간의 전쟁과 징병으로 농민 생활이 파탄에 빠져 폭동이 일어나기도 하였으며, 전쟁 중에 대포와 보병대의 역할이 커지면서 전통적으로 귀족들이 지휘하던 기병대의 중요성이 약화되었고 이는 귀족 세력의 약화로 이어졌다. 하지만 교회 세력이 붕괴된 것은 단지 백년전쟁이나 흑사병과 같은 외적인 조건 때문만은 아니었다. 정치, 사회, 경제적 변화만큼 지적인 영역에서도 중세 교회를 변화시킬 동인들이 싹트고 있었다. 앞서 토마스 아퀴나스를 다룰 때 지적한 대로, 지적인 분야의 위기 원인은 토마스 아퀴나스가 스콜라 철학을 통해 중세 신학의 종합을 이루었지만,

그것을 교회가 모두 동의한 것은 아니었다는 데서 찾을 수 있다. 이 때문에 토마스 아퀴나스의 체제를 비판하는 목소리가 미약하나마 신학자들 사이에서 흘러나오다가, 14세기에 이르러서는 최대의 논쟁가였던 오캄의 윌리엄에 의해 전면적인 공격을 받게 된다.

오캄과 함께 교회 내부에서도 정교분리를 주장하면서 기존의 교회의 세속화에 반발하여 교황의 권한을 제한해야 한다고 주장하는 이론가들이 등장하기 시작한다. 대표적인 사람이 파리의 장(Jean)과 파도바의 마르실리우스(Marsilius)였다. 장은 교황보다 국왕이 먼저 존재했고 세속 정부는 공동체를 형성하고 살려는 인간의 자연적인 성향에 기초하고 있기 때문에 왕권이 교황권보다 우월하다고 주장했다. 한편 파리 대학의 강사였던 파도바의 마르실리우스는 『평화의 수호자』라는 책에서 다음과 같은 주장을 편다. "적법한 정부의 기초에는 신민들의 동의라는 원리가 존재한다." 바꾸어 말하면 국민들의 동의가 정부를 이루는 기본 원리이기에 교회가 아닌 국가만이 정당한 정부라는 주장이다. 게다가 정부 안의 한 구성원에 불과한 성직자가 국민 위에 군림할 수는 없다고 주장한다. 더 나아가 교회 안에서도 신자들이 교회법을 제정해야 한다고 주장하여 교황의 권위를 부정하기까지 한다. 오캄 역시 교황의 권위를 부정했다. 그의 인식론적 기반은 철학적 유명론이었다. 아퀴나스에게 진리의 최종적인 권위는 성서였으며, 이는 철학의 범위가 상당히 축소될 수밖에 없었다는 것을 뜻한다. 따라서 아퀴나스 이후의 신학자들은 인간 이성의 능력, 즉 논리학과 변증법으로 유지되는 인간 이성의 범위를 축소시켰다. 그 대표적인 인물이 오캄이었다. 오캄에 따르면, **종교의 기본 원리는 단지**

직관적 신앙으로만 가능하다. 즉, 인간이 신의 정신 속으로 들어가려면 이성적 노력을 포기하고 성서의 가르침에만 만족해야 한다는 것이다. 이런 그의 입장이 '유명론'(nominalism)이다. 『장미의 이름』이라는 제목은 시사적이다. 장미는 왜 장미인가? 장미라는 속성이 실제 존재하기에 장미인가, 아니면 우리가 장미라고 부르기 때문에 장미인가? 오캄의 유명론에서는 우리가 장미라고 부르기 때문에 장미가 된다고 말한다. 이것은 그 유명한 "오캄의 면도날"이라는 방법과 통한다. 그것은 어떤 사물을 설명할 때, 개념 도구를 적게 사용하여 설명할수록 더 뛰어난 설명이 된다는 주장이다. 쉽게 말하면, 설명이 단순할수록 더 좋다는 것이다. 이것은 어떤 점에서 이성의 힘이 약화된 것을 보여주며, 중세 말기의 정신적 혼란기를 예고하는 흐름이라고 말할 수도 있다. 이런 철학적 유명론에 근거하여 오캄은 교황권을 공격하였으며, 교황의 말에는 잘못이 없다는 있을 수 없다는 교황의 무오류성도 비판하였다. "교황뿐 아니라 공의회도 오류를 범할 수 있다. 그러나 교회 전체는 오류를 범하지 않는다. 교회 전체 속에 있는 개인들을 통해 진정한 신앙이 지속될 것이기 때문"이라고 주장한다. 이것은 신앙에 있어서 개인주의를 옹호한 것이며 토마스 아퀴나스의 종합적인 체계에 대한 반발이라고 할 수 있다.

결론적으로, 오캄의 입장이 미시적인 안목으로는 이성의 힘이 약화된 것을 보여주는 사례지만, 동시에 그것은 새롭게 등장하는 근대 사회를 지적인 면에서 예고하는 흐름이었다. 흑사병과 백년전쟁이 귀족과 성직자의 계층을 약화시키고 도시민들의 세력과 국왕의 세력을 강화시켜 중세의 통일성에 균열을 가져왔다면, 이제 오캄 같은 지식인에 의한 중세 가톨릭의 정통 교리에 대한 비판은 거의 비슷한 시기에 일어난 교황의 아비뇽 유수와 이어진 대분열과 함께 교회를 통한 중세의 통일이라는 이상이 얼마나 허상에 불과했는지를 더욱 분명히 확인시켜 주었던 것이다. 이것은 한편으로 중세 말기의 혼란을 예고한 것이라고 볼 수 있지만, 다른 한편으로는 새롭게 출현하려는 근대 세계의 여명이라고 할 수도 있다.

4) 중세의 학문과 문화

중세는 지극히 종교적인 성향이 지배하던 시기로 알려졌지만, 사실 중세 중기 이후에는 신학 외에도 학문과 예술 분야에서 많은 성취를 이루고 있다. 그것은 세속화가 진행된 현대사회와는 달리 사회 문화 전반에 결정적인 영향력을 행사하던 교회가 예배 영역 말고도 정치와 교육 등 문화 일반에 대해 기독교적 삶의 양식을 제공했기 때문일 것이다. 여기서 우리는 종교와 문화의 관계에서 니버(Richard Niebuhr)의 유형론을 통해서 종교와 문화의 관계에는 어떤 유형들이 있으며, 시대에 따라 어떻게 적절한 모형을 선택해야 하는지를 알아보아야 한다.[30] 문학적 활동으로는 단테의 신곡과 무훈시(武勳詩, Chansons de geste)를, 사회적 생활양식으로서는 기사도를 살펴볼 것이다.

---

30) 중세대학의 커리큘럼 등에 관해서는 박준철, 『중세의 인문주의』 참조.

■ 신학자와 시인

중세의 인문주의에 대한 연구는 단순히 인문학적 소산만을 나열하는 것이 아니라 신학과의 상호관계 속에서 조명되어야 한다. 즉 한편으로는 이 시대의 학문과 예술이 어떤 신학적 인식에 기초하여 형성되었는지를 이해해야 하고, 다른 한편으로는 인문학적 발견과 새로운 삶의 체험이 신학에 어떤 영향을 미쳤는지를 이해해야 한다. 중세 같은 종교적 사회에서는 신학이 인간의 삶에 대한 초월적 이상을 제공할 뿐만 아니라 현실의 사회적 삶의 형식과 내용까지 규정한다. 그런데 중세 중기 이후 스콜라주의로 대표되는 기성 신학이 신(神) 지식 외에 인간과 세계에 대한 지식을 제공하지 못했을 때, 그리스도인들은 자기 삶의 의미와 방법을 발견하기 위한 지식을 어디에서 얻어야 했을까? 이 질문에 대답하기 위해 우리는 신학을 제외한 다른 학문과 예술 분야에서 종교와 인생의 주제를 다루는 저작들을 찾아볼 수 있다.[31]

중세시대의 종교 연구에서 문화적 또는 인문학적 접근 방법이란 예배와 신앙 고백 외의 활동, 즉 그리스도인들이 상상하고 노래하고 고민하고 사색하며, 인간과 세계에 대한 이해와 갈망을 추구한 자취와 결과를 살펴보는 방법을 말한다. 그중 문학 분야에서 단연 우선하여 검토해야 할 대상은 단테(1265 - 1321년)의 『신곡』(La Divina Commedia)이다. 여기서는 단테의 신곡을 문학적으로만 보지 않고

---

31) 이는 종교개혁자 칼뱅의 시대에서도 신학전공을 하지 않았지만 문학과 법학의 학문적 훈련으로서 종교적 문헌, 사상, 제도에 관한 저작을 충분히 접합으로써 성서해석과 종교적 담론을 구성할 능력을 함양할 수 있었던 것과 마찬가지다.

그것이 어떤 신학적 문화 구조 속에서 형성되었는지를 알아야 한다. 이를 위해서는 단테시대의 사고구조의 형성을 주도한 아퀴나스 (1225 – 1274년)의 신학적 사고도 함께 살펴야 한다. 그는 단테보다 40년 앞서 산 동시대 사람이기 때문이다.

아퀴나스의 『신학대전』은, 기독교에 대한 외부 도전이 심하고 내부에서도 여러 다양한 주장들로 혼란할 때 이 모든 안팎의 문제를 한 번에 해결하려는 시도로 나온 산물이다. 이 책을 통해 아퀴나스는 신학을 철학적으로 구성하고 논증을 통해 신앙에 관한 의문을 해결하고자 했다. 『신학대전』은 512개 문항에 대해 2,669개의 토론을 전개하였다. 예를 들면, 제1문은, "거룩한 가르침에 관하여: 그 내용과 범위에 관하여"로 되어 있다. 중세는 물론 어느 시대나 학문적 신학이 부딪히는 물음인 계시와 이성에 관하여 신학대전은 다음과 같이 답하고 있다: "거룩한 가르침은 인간의 이성을 사용한다. 하지만 신앙을 증명하기 위해서가 아니라, 이 가르침이 전하고 있는 것을 좀 더 분명히 하기 위해 사용한다. 은총은 자연을 파기하는 것이 아니고 도리어 완성하기 때문에, 자연 이성은 신앙에 협력해야 한다."

교회는 아퀴나스가 시도한 어렵고 복잡한 논증이 기독교 교리의 정당성을 입증해 준다고 주장할 뿐 그 미비점이나 문제점을 인정하지 않았다. 다만 아퀴나스의 권위를 높여 교리에 대한 비판을 막는 데 힘쓸 뿐이었다. 그러는 동안 신학과 철학 간의 관계가 다시 멀어졌고, 아퀴나스의 과업을 이어서 발전시킬 수 있는 길이 막히고 말았다. 아퀴나스의 사상에 다시 생동감 있게 하면서 그 미비점을 극복하려는 시도는 문학만 할 수 있었다. 그래서 시인이 그 일을 맡았다. 아퀴나스의 권위에 과감히 도전하여 그를 향한 헛된 칭송을 걷어내고 만인이 진정한 가치를 나누어 가질 수 있도록 재창조하는 작업을 나서서 맡은 이는 다름 아닌 시인 단테(Alighieri Dante)였다. 단테는 알기 쉬운 시적 언어를 사용하고, 짧게 끊어지는 형식을 통해 내용을 복잡하지 않으면서도 절실한 의미를 담아 깊은 감동을 주었다. 아퀴나스는 성직자이자 학자였다면, 단테는 정치인이자 문인이었다. 아퀴나스는 라틴어로 저술하여 라틴어 문명권 전체를 독자로 삼았다면, 단테는 이탈리아어로 작품을 써서 자기 나라 사람들이 많이 읽게 하였다. 단테는 기독교세계(Christendom) 전체를 자신의 삶의 영역으로 생각했던 중세 사람들과는 달리 추방을 큰 고통으로 여기는 성정과 세계관을 가진 인물이었다.

『신곡』에는 신학자 토마스 아퀴나스가 시인 단테의 정신세계에 미친 자취가 명확히 반영되어 있다. 우선 『신곡』에서 아퀴나스는 천국 편에 작중 인물로 등장하여 천국에 이르는 길을 설명한다. 아퀴나스는 베아트리체(Beatrice)의 사랑과 성 베르나르도가 가르친 신앙을 통해 천국에 이를 수 있다고 설명한다. 그리고 지옥에서 연옥으로 나아가는 『신곡』의 구성은 아퀴나스의 사상을 구현하고 있는 구조와 일치한다.32) 그럼 『신곡』에서 중요한 안내자 역할을 맡은 고대 로마 시인 베르길리우스(Publius Vergilius Maro, '버질'이란 별칭으로 더 잘 알려짐)는 어떤 작품 세계를 갖는 인물이며 단

---

32) cf. Etienne Gilson, *Dante et la philosophie*(1953).

테는 그를 통해 어떤 정신세계를 반영하려고 하는가? 여기서 우리는 베르길리우스의 작품세계와 그의 서사시『아이네이스』의 종교철학적 주제를 살펴볼 필요가 있다.

라틴문학의 최고봉인 베르길리우스(Publius Vergillius Maro, B.C. 70 - 19년)는 T. S. 엘리엇(T. S. Elliott)의 '시대의 증인이요 인류의 예언자'이며, '서양의 어버이'(Vergilius Vater des Abendlands)로 지칭할 만큼 서구인들의 숭앙을 받는, 로마 서정시와 서사시의 대가다. 혹자는 좁은 의미에서 서구 문학은 테오크리투스(Theocritus)에게서, 서구철학은 에피쿠로스(Epicurus)에게서, 그리고 서구 인문주의(humanism)는 베르길리우스에게서 발원하였다고 평하기도 한다. 단테가 서양 기독교 중세 문화를 총결산한『신곡』에서 베르길리우스를 명계(hell, 冥界)를 순례하는 길잡이로 모신 것도 이유가 없지 않다.[33]

그는『목가집』(牧歌集, Ecologae)에서 에피쿠로스적인 평온한 목가적 생활이 전쟁이라는 악과 토지몰수라는 불의에 의해 무너지는 데서 오는 비통을 노래하였고, 『농경시』(Georgica)에서는 땅에 대한 사랑 속에 그 상처를 어루만지고 있다. 그에게 불후의 명성을 가져다준 마지막 서사시『아이네이스』(Aeneis)에서는 인류의 역사적 사명이라는 넓은 지평으로 독자의 시선을 넓혀주고 있다. 『아이네이스』의 철학적, 종교적 주제들을 파악하기 위해서는 그의 종교철학의 맥락을 그리스 - 로마 철학자들에게서 고증해 내는 작업보다는,

---

33)『신곡』지옥 편 1.

서사시의 줄거리를 소개하면서 문헌학적 방법(philology)을 사용하여 그의 시문들을 인용하고, 거기에 담긴 사상을 해설체로 제시하는 것이 유용하다. 『아이네이스』의 대강 줄거리와 그 심미적·인간적 정감을 소개하여 입문 수준의 지식을 갖고서 시인의 종교·철학적인 시선을 접하게 하는 것이 유익하기 때문이다. 베르길리우스의 생애를 간명하게 밝혀주는 것으로는 구전으로 전수되어 온 그의 묘비명이 있다.

> 만또바가 나를 낳았고, 깔라브리아가 나의 숨을 거두었으며, 지금은 파르테노페 여신이 나를 품고 있노라. 내 일찍이 전원과 들녘과 호걸을 노래하였노라.

그는 B.C. 70년(10월 15일)에 만투아(Mantua) 근교 안데(Ande)에서 출생하여 인근 지역에서 수학한 후 로마로 와서 에피쿠로스학파인 에피디우스(Epidius)와 시로(Siro)에게 사사하였고, 당대의 거의 모든 문인들(카툴루스, 폴리오, 킨나, 후일에는 호라티우스, 바리우스[베르길리우스 사후에 그의 유고집을 간행한다], 플로티우스, 투카)과 교유하였다. 문학적으로는 그의 작품에 알렉산드리아 학파의 기교와 카툴루스의 시풍이 강렬하게 나타나고, 에피쿠로스 철학이 근저에 흐르고 있는 이유를 우리는 그가 교유한 친구들의 면면을 통해서 알 수 있다. 청년시절 그는 로마의 내란과 그것이 낳은 무수한 사회악을 경험한다. 카이사르가 확고히 승리한 뒤인 B.C. 45년에 귀향하여 전원생활을 즐기며 작품 활동에 몰두하다가, B.C.

42년 옥타비아누스의 군인들에게 북이탈리아 토지가 분배되자 조상 대대로 내려온 농토를 몰수당하고 방랑생활을 시작한다. 그 이후 로마로 가서 메세나스(Maecenas)의 보호와 후원을 받으면서 작품 활동을 지속한다. 그는 주로 나폴리에 머물면서 시작(詩作)을 했던 것으로 전해진다. 서사시 『아이네이스』의 내용을 철학적으로 보완하려는 의도에서 B.C. 19년에 그리스에 건너가 잠시 철학을 연구하다가 옥타비아누스의 권유로 함께 돌아오던 중 선상에서 병을 얻어 브룬디시움(Brundisium)에서 50세의 나이로 고독한 생애를 마치고 (9월 20일) 나폴리에 묻힌다.

청년시절 그가 쓴 단편들은 『베르길리우스 별록(Appendix Vergiliana』이라는 문집 속에 담겨져 있지만, 그의 본격적인 첫 작품은 『목가집』(Bucolica)이며, 이것은 B.C. 42 - 39년(28 - 30세) 사이에 나온 10편의 목가들이다. 시상과 주제는 테오크리투스(Theocritus, B.C. 3세기의 시라쿠사 시인), 유사 - 테오크리투스(Pseudo - Theocritus)의 목가 『이딜리아』(Idylia)를 모방하고 있는데(4, 6은 제외), 테오크리투스가 자연현상을 사실적으로 묘사하는 반면에, 베르길리우스는 거기에 인간의 사회적 고통과 고뇌를 깊이 각인시킴으로써 서구 문학의 조류를 바꾸고 있다. 특히 4편과 6편은 예언적이고도 계시적인 색조를 띠고 있다. 베르길리우스는 한 세기 가까이 내전에 휩쓸려 고통당하는 척박한 인간 운명과 재앙(calamitas humanae animique dolores: 1과 9)을 연민의 정으로 바라보면서 민중의 기쁨과 희망, 슬픔과 고뇌를 시적인 유비로 묘사하고 있다. 그래서 과거의 태평성대(aurea saecula)를 희구하지 않을 수 없었으며(4. 6), 좀 더 넓은 안목으로 역사의 지평을 내다보는 시혼(sacer poesis cultus: 3.8)이 있었기에 그는 "사랑은 모든 것을 이기느니"(166: omnia vincit Amor: et nos cedamus Amori)라는 종교적인 명구로 이 시를 끝맺을 수 있었을 것이다.

둘째 작품(B.C. 36－29년의 창작)인 『농경시』(Georgica)는 4권 2168행의 장시로서 알렉산드리아의 시법을 따라서 소위 곡식 재배, 실과나무 재배, 가축치기, 꿀벌치기 등을 노래하고 있다. 그는 카토(De agricultura)의 오에코노미아(oeconomia), 즉 노예를 거느리는 대장원의 경영에 대해서는 알지 못했으며, 자기의 집안이 조상대대로 만또바에서 해 온 대로 소작농들의 삶을 묘사하고 있다. 베르길리우스는 흙을 사랑하고 혈연을 위하는 민중들의 삶, 사랑의 위력, 대재앙의 위력(전염병)을 박진감 있는 필체로 묘사하지만, 동시에 신의 섭리를 긍정하고 종교적 자세를 취하며 죽음과 명계를 중시하고 있다. 여하튼 이 시에 나타나는 시인의 자연과 동물, 그리고 인간에 대한 사랑은 "최고의 시인이 쓴 최고의 걸작"(Dryden)이라는 평가를 받아왔다.

이 글에서 그 종교·사상적 주제를 다루려고 하는 베르길리우스 서사시 『아이네이스』(Aeneis)는 그가 B.C. 26－19년에 지은 것으로 전해진다. 이 시는 로마의 역사와 문학을 모두 망라하고 있으며, 모두 12권 12, 913행으로 되어 있다. 주인공 아이네아스(Aeneas)는 트로이 왕가의 용장으로 인간 앙키세스와 여신 아프로디테 사이에서 태어난 '영웅'으로 전해진다(일리아스 5권). 그는 트로이 방어전에서도 용맹을 떨쳤을 뿐 아니라(일리아스 5, 13, 20권 참조), 그와 그의 후손들이 장차 트로이아인들을 다스리게 되리라는 신탁이 있었다고 전해 온다(일리아스 20.300 – 08). 그전에 이미 네비우스(Naevius, B.C. 269 – 200년)가 '트로이아인 아이네아스'(Aeneas Troius)를 로마 역사와 결부시키려고 시도하였고, 이어서 엔니우스(Ennius, B.C. 239 – 169년)는 아이네아스가 천신만고의 유랑 끝에 이탈리아에 도달하였다는 전설(Aeneas in Italia)을 다룬 바 있다. 작품 구성상『아이네이스』 12권 전반부(1 – 6)가 호메로스의『오디세이아』에 해당하는 아이네아스의 유랑기이고, 후반부(7 – 12)가 라티움의 본토 용장 뚜르누스와 겨뤄 건국의 기초를 놓는,『일리아스』에 해당함이 사실이지만, 베르길리우스가 시도하는 것은 그리스 신화나 호메로스 서사시의 대응작 아닌, 순수한 '로마 서사시'(epicum Romanum)라고 보아야 한다. 그러나 연대기적 구조에서가 아니라, 시공을 초월하는 호메로스(Homeros)의 신화, 아리스토텔레스(Aristoteles)의 시론(時論), 그리고 카토(Origines)의 '뿌리 찾기' 등이 그의 작품 저변에 흐르고 있음을 부인할 수 없다.

호메로스는 아킬레스나 오디세우스라는 한 인간의 운명을 종교적 안목을 전개하였고, 베르길리우스는 한 국가적 운명을 종교적인 안목으로 전개하였다. 한 인간의 정치적 사명과 한 국가 사회의 세계사적인 역할을 주제로 삼았기에, 이 작품이 호메로스의 양대 서사시와 나란히 인류의 정신 유산으로 전수될 수 있었을 것이다. 베르길리우스의『아이네이스』는 구전을 집대성한 신화적인 서사극이 아니고 후대에 이미 철학적인 반성을 거쳐서 엮어진, 새로운 창작이다. 명계(冥界)에서 앙키세스가 들려주는 인간 운명에 대한 연설(6.724 –

51)에는 신피타고라스 사상에 입각한 비관주의와 인간 육체에 대한 이원론적 적대감이 엿보이기도 하지만, 세계사의 시각으로 영원한 로마의 역할을 본 사관이라든지, 로마의 평화(Pax Romana)를 이룩한 아우구스투스를 황금시대를 복원할 신적인 존재로 묘사한 것 등은 이미 하나의 체화된 역사철학이 아닐 수 없다.

3. 르네상스 – 종교개혁시대의 기독교 인문주의

■ 들어가는 말

인문주의는 르네상스 문화의 주류를 이룰 뿐 아니라 종교개혁을 가능케 한 지적 · 문화적 조건을 제공하였다는 점에서 양자를 연결하는 지적 고리 역할을 한다. 따라서 르네상스 인문주의의 속성과 그 문화적 기능을 알려면 먼저 르네상스와 종교개혁의 연속성을 파악해야 한다. 본서는 이 점에 관하여는 필자의 선행 연구인 『칼뱅의 신학과 인문주의』에 상당 부분 의거하고 있다.34) 르네상스 – 종교개혁시대의 기독교 인문주의를 연구한다는 것은 다름 아닌 이 시대에 만개한 학문의 역사를 고찰하는 작업이다.

---

34) 오형국, 『칼뱅의 신학과 인문주의』(서울, 한국학술정보, 2006).

1) 시대배경의 이해: 종교와 문화의 두 층위

(1) 두 시대의 연속성과 불연속성
    : 종교와 문화의 층위에 대한 인식

르네상스시대의 인문주의는 종교개혁과의 관련 때문에 더 각별이 기독교 공동체의 관심 대상이 될 필요가 있다. 본서는 르네상스시대의 의미를 종교개혁의 전 단계로 보는 관점을 취하고 이 시대의 지식인 집단인 기독교 인문주의자들을 고찰할 것이다. 종교개혁은 그 자체가 갖는 종교적 의의만이 아니라 르네상스시대의 문화적 갈망과 도전에 대한 종교적 응답이었다는 점을 염두에 두면서 어떤 문화적 조건과의 상호 관계를 통해 종교적 차원의 변화가 일어나는지를 살필 것이다. 르네상스와 종교개혁은 종교적 측면에서는 서로 불연속적이지만, 종교개혁을 위한 새로운 신학적 사고를 수행하는 데 필요한 인식론과 성서와 교부 텍스트의 복원을 위한 문헌학과 수사학 등의 학문적 자원은 르네상스시대의 문화에 뿌리를 둔 것이었음을 이해해야 한다.

(2) 르네상스시대의 학문의 성격

르네상스시대는 역사상 어느 시대 못지않은 지식 정보가 폭발적으로 증가하고 지리상의 발견으로 지리적 영역이 확장된 시기로서, 오늘날의 지구화(globalization)에 비견할 수 있다. 그러한 시대에 기독교 인문주의자들의 작업은 어떻게 시작되었는가? 중세 말에 공로신앙의 핵심인 면벌부(Indulgence)가 대중적 신앙생활을 지배하였을 때, 베드로 대성당 건축을 위한 비용 마련을 위해 면벌부의 판매운동이 활발했다. 인문주의자들은 이런 행태를 비판하였을 뿐 아니라 그것을 신학적으로 규명하려는 작업을 시도한다. 인문주의자들은 첫째, 인간의 구체적 · 실제적 삶의 문제에 대한 규범과 이상을 갈망하였으며, 둘째, 그러한 현실과 그 현실을 정당화하는 교회의 가르침이 성서와 일치하는지에 대한 의문을 제기한다. 그리고 이러한 그들의 회의가 적극적으로는 성서 연구에 몰두하는 것으로 나타났다.

■ 성서로의 복귀(Back to the Bible)

인문주의자들은 성서뿐 아니라 르네상스시대의 다양한 신학문을 습득하였기에 새로운 자세와 방법을 구사하여 성서를 연구할 수 있었다. 김우창의 말대로, 신념이 아니라 이성이 사회의 개선과 변화를 가져온다는 논제는 이 시대의 종교 · 문화의 문제에도 적실하다.[35] 신조와 신념의 변화는 새로운 신조를 주입할 때 신조와 신념이 변하는 것이 아니다. 정신자세나 지성구조(mentality/ mind-set)를 구성하는 지식이 변할 때 신조와 신념도 변한다. 가령, 과학 혁명 이후 탈종교적 변화는 17세기의 과학 자체가 반(反)종교나 무신론 사상을 그 시대에 주입한 결과로 나타난 것이 아니었다. 그처럼 기독교 인문주의는 신조보다는 이해와 발견의 학문이며 정신적 태

---

35) 김우창, "2005 조선일보 포럼"

도의 문제다. 이것은 제도화된 신학이 제 기능을 하지 못할 때, 즉 신학의 학문적 틀과 언어의 시효가 만료되었을 때, 기독교 인문주의는 새로운 신학 작업을 위한 새로운 정신자세를 제공한 것이다. 신학은 계시의 기록이 아니라, 계시 내용을 이성적 사고로 체계화하고 설명하고 당대의 물음에 대답하기 위한 지적 구성물이기 때문에, 신학은 각 시대마다 다시 기록되어야 한다. 예를 들면, 한국 보수주의 신학을 지배해 온 근본주의 교의신학은 당대의 자유주의 신학의 특징인 성서적 교리로부터의 이탈과 인간화로서 복음화에 대응하기 위해 형성되었다는 점에서는 타당성을 인정할 수 있지만, 사회봉사, 민주화, 인권, 환경 등 사회적 책임과 문화적 영향력을 회복하기 위한 교회의 행동이 요구되는 새로운 상황에서는 이런 교의신학은 더 이상 적실성 있는 신학이나 혹은 적어도 구체적인 대안과 호소력을 갖는 신학으로 인정받을 수 없다.

2) 르네상스의 인문주의자들

(1) 문학적 인문주의자와 종교적 인문주의자

이 시대의 인문주의를 문학적 인문주의와 종교적 인문주의의 양대 유형으로 분류할 수 있다. 종교적 인문주의는 주로 북유럽, 즉 이탈리아 이외의 지역에서 성서와 고대 기독교의 텍스트를 복원시키는 작업을 위주로 한 인문주의자들의 활동이므로 성서적 인문주의라고 부른다. 그러나 문학적 인문주의라고 해서 전적으로 세속적인 것만은 아니었다. 문학적 인문주의자로는 이탈리아의 단테, 복카치오, 페트라르카, 살루타티, 부르니, 그리고 프랑스의 뷔데가 있다. 이 시대에 가장 높은 지적 권위를 누렸던 에라스무스는 문학적 고전과 종교적 영역을 넘나드는 지식인이었다. 그러므로 르네상스 인문주의에 대한 연구는 종래의 문화사에서와 같이 반중세적 국면인 인본주의적(anthropocentric) 성격 한 면만을 부각시키는 것이 아니라 그것이 내포한 종교적 함의도 함께 살펴야 한다. 본서는 북방유럽의 인문주의 운동을 그루트에서 시작하여 문학과 종교 양면의 대가로 활동하였던 에라스무스, 르페브르, 칼뱅 등의 인문주의를 학문과 교육 분야를 중심으로 고찰할 것이다.

(2) 에라스무스

■ 고전에서 성서로의 전환

현대의 관점에서 보면 이 시대의 기독교 인문주의자들은 대개 종교와 학문의 통합을 이룬 통전적 신앙관을 가진 그리스도인들이었다. 물론 당시는 삶에서 성속을 구분하지 않은 시대였기에 학문의 영역에서도 종교적 학문과 비종교적 학문을 구별하는 경향이 뚜렷하게 나타나지는 않았다. 다만 교의적 사고를 회피하거나 거부한 것이 기독교 인문주의자들의 일반적 경향이었다면, 종교개혁자들은 성서적으로 바른 교의를 확립하려는 의지가 강했다는 점이 둘 사이를 구별하는 가장 큰 차이였다고 할 수 있다. 그 대표적인 예가 에라스무스다. 에라스무스는 교회사에 포함시켜야 할지 문화사에 포함시켜야 할지 결정하기 어려울 만큼 그 당시 문화와 종교에서 차지하는 비중이 매우 컸다. 그가 세속 학문과 기독교 학문의 영역에서 성취한 업적은 실로 방대하다. 라틴 문체에 관한 저술들(De copia, Ciceronianus)과 격언 및 대화록 모음집, 세네카 등 고전 작가들의 저술을 편집함으로써 이 시대 인문주의의 방향을 설정하였다. 동시에 *Novum Instrumentum*과 복음서와 서신서의 주석 등 성서에 관한 학문적인 저작은 물론이고 엄밀한 고증을 거쳐 교부 저작들의 저작까지 편찬하는 등 기독교 인문주의자로서 위치를 확고히 하였다. 에라스무스는 종종 인간 학문과 신성한 계시, 자연과 은총의 종합에 관한 그의 통전적(holistic) 인식을 설명하기 위하여 신학보다는 그리스도의 철학(philosophia christi)이라는 용어를 사용하고 있다. 칼뱅 같은 종교개혁자들과 달리 그가 신학적 원리나 교의적 사고를 지나치게 경시한다고 비판을 받긴 하지만, 그의 시도는 오늘날 종교와 학문 그리고 세속 영역과 교회 영역을 통합하려는 이들에게는 많은 것을 시사하고 있다.

■ 에라스무스 학문의 구조

에라스무스의 학문은 인문주의의 학문적 구조를 따라 문헌학과 문법학에서 신학으로 발전한다. 인문주의의 학문 운동은 문헌학(텍스트의 학문)과 수사학(교육과 커뮤니케이션의 학문)의 영역을 발달시키면서 전개되었다. 인문주의 운동은 말과 텍스트로 표현되는 언어가 인간의 경험과 기대를 전달하고 변혁시킬 수 있는 방식과 관련하여 새로운 관심을 일으켰다. 단적으로 인문주의자들에게 언어는 힘이었다. 또한 우리가 잘 알듯이 인문주의는 성서로 돌아감으로써 기독교에 새로운 생명력을 불어넣으려는 운동들과 밀접하게 연관되어 있었다. 이처럼 설득적 언어의 힘으로 세상을 개혁하려는 인문주의자들의 의도가 종교 영역에 적용되었을 때, 수사학적 언어가 성서 연구 및 신학적 담론과 연결되는 것은 지극히 자연스러운 일이었다. 수사학적 신학 전통의 핵심은 언어의 기능적 속성을 이해하고 활용하는 데 있었다.[36]

따라서 에라스무스의 신학적 사고를 분석할 때는 언어에 대한 각별한 성찰을 그 작업의 중심으로 삼아야 한다. 그것은 에라스무스의 학문 여정이 언어 연구에서 출발하였고, 그는 언어의 기능과 한계를 깊이 이해한 사람이었기 때문이다. 그는 좋은 언어는 세계의 실체를 가능한 한 간격 없이 나타내고 세계를 조화롭게 인식하고 실천하게 한다고 믿었다. 그뿐 아니라 좋은 언어로 형성된 신앙담론이 올바른 신앙, 즉 인간적이고 문학적 안정성을 갖춘 신앙을 형성할 수 있게 해 줄 것이라고 믿었다. 그래서 그는 언어를 사용하되 힘 있는 언어나 성능 좋은 언어를 추구하였다. 그것은 곧 고대의 *bonae literae*였다.[37] 에라스무스의 수사학적 신학은 르네상스 수사학 정신의 본령을 반영한다. 즉 언어를 따라가서 의식과 사고의 깊은 속살

---

36) Manfred Hoffman, p.212.
37) Ibid., pp.212-213.

로 들어가며 감성을 움직여 새로운 행동을 일으킨다는 것이다. 에라스무스에게 당시의 종교를 개혁하기 위한 계획은 언어로 돌아가는 것(return to language)과 관련이 있었다.

그는 성서 경전의 본뜻을 찾기 위하여 경전의 언어를 전통이나 권위에 의한 신조보다 언어 자체의 논리와 구조를 따라 이해하고자 하였다. 그러므로 수사학은 에라스무스의 신학, 즉 그리스도 정신의 탐구인 philosophia christi의 방법이었다. 그리고 이 전통에는 플라톤적 이원론이 작용하고 있다. 언어는 실상(reality)을 드러내 보여주는(reveal) 동시에 가리기(conceal) 때문이다. 따라서 우리가 신학 작업에서 언어를 사용하는 한에서는 해석 과정이 반드시 필요하다는 사실을 부정할 수 없다. 에라스무스의 신학적 사고를 이해하기 위하여 우리는 그가 구사한 language, literature, literacy의 범주를 **천착한다.** 이것들은 언어를 통해 신학을 하는 한 서로 떼려야 뗄 수 없는 주제들이다.

3) 종교개혁과 인문주의

르네상스가 중세의 종교 문명에서 세속주의로 갑작스럽게 비약한 운동이 아니었듯이, 종교개혁 역시, 어떤 이들이 루터의 '노예의지론'에서 추론하여 주장하듯 인문주의를 맹목적으로 부정한 후 종교 세계로 복귀한 운동이 아니었다.[38]

---

38) Franklin, p.22.

(1) 중세의 학문적 극복으로서의 인문주의

인문주의의 개념을 규정할 때는 종교적 신조보다는 학문의 조류로서 이해하고 스콜라주의 학문적 방법론과 비교하는 것이 타당하다. 인문주의와 종교개혁의 신학운동은 지극히 쌍방적인 상호관계를 갖는다. 인문주의는 종교개혁 신학의 형성에 기여하였고, 동시에 종교개혁을 통해 발전하고 학문적 위치를 얻었기 때문이다.

종전엔 스콜라주의는 중세의 종교적 이념을 대표하고 인문주의는 종교적 세계관을 부정하는 인간중심의 세속주의라고 말하기도 하였지만, 실제로 인문주의는 당대의 신학문 사조로서 중세의 종교를 부정하려는 운동이 아니라 중세의 학문인 스콜라주의의 패러다임을 극복하려는 운동이었다. 그 내용은 언어와 수사학에 중심을 둔다. 스콜라주의 목적은 논리에 의존하여 이성적으로 진리를 이해할 수 있는 사고 체계로 조직하는 데 있는 반면에, 인문주의자들은 수사학과 설득 기술에 관심을 두었고, 영감을 구할 대상을 고대의 철학자들보다는 웅변가, 시인, 역사가들에서 찾았다. 인문주의자들은 이성에 의한 논리적 확신보다는 감성과 의지를 움직이는 설득을 더 중시하였다. 그것은 인간존재를 보는 관점에서 정념적(passion)이고 활동적이며 사회적인 면이 지적인 존재보다 앞선다고 보았기 때문이다.[39] 여기서 인문주의자들은 스콜라적인 형이상학과 논리학을 거부하고 언어에 관심을 집중한다. 인문주의자들은 언어를 세계에

---

39) Bouwsma, "Renaissance and Reformation", pp.113 - 4.

대한 진실을 전달하는 매체라기보다는 감정을 움직이고 행동 의지를 자극하는 사회적 삶의 한 구성요소로서 간주하였다.[40)]

인문주의자들은 중세적 학문 양식을 비판하였다. 그들은 스콜라적 논리학과 철학의 다음절(多音節) 용어와 '야만적' 문체, 고전양식에서 벗어난 중세 후기 라틴어의 문법을 비웃었으며, 수사학적 세련미에 전적으로 무지했던 스콜라철학자들을 경멸하였다. 스콜라주의 자체에 대한 비판은 시간이 갈수록 거세졌다. 인문주의자들은 논증을 강조하는 스콜라주의를 초점이 없고 사변적이며, 사회적인 면에서나 종교적인 면에서나 도무지 현실상관성을 갖지 못한 것으로 간주하였다. 중세의 신학자들이 바늘 꼭지 위에서 몇 명의 천사가 춤출 수 있는지를 두고 논쟁했다는 등의 이야기들은 스콜라주의에 대한 인문주의자들의 공격에서 연원하는 것이었다. 문체(style)의 비판은 방법론에 대한 비판이기도 했다. 인문주의자들이 극복하고자 한 것은 당시 스콜라 교육의 주된 내용이던 형식논리와 추상적 사변으로 일관한 저급한 주석신학이었다. 당시엔 일반적으로 수도사들의 교육수준은 매우 낮았다.[41)] 독일 성직자들의 저급한 교육수준은 멜랑히톤을 통탄케 할 정도였다. 중세 말 성직자들의 대학교육 이수 비율은 고위 성직자를 포함하여 약 40%를 밑돌았는데, 지방 성직자들 중에는 교리는 말할 것도 없고 주기도문과 사도신경조차 모르는 이들이 있을 정도였다.[42)]

---

40) Ibid,. p.114, n.1.

41) Richard Rex, "Humanism", p.53.

42) 멜랑히톤은 1527년 이래로 매년 교구시찰을 하였는데, 1528년 개신교 진영의 중추 지

인문주의 정신은 당대가 요구하는 실용적 가치에 대한 인식에서
도 스콜라 전통과 현저히 구별되었다. 르네상스시대의 이탈리아 도
시국가의 지배세력들은 수사학의 가치를 재발견하게 된다. 형이상학
적 관념에 기초한 스콜라 철학의 추상적 담론은 근대 세계가 요구
하는 의사소통과 설득 능력을 발휘하지 못하였다. 따라서 새로운 정
치·사회적 환경이 제공하는 삶의 경험에 좀 더 적절히 부합하는
새로운 학문이 필요하였다. 인문주의자들인 수사학자들과 웅변가들
은 정념과 의지를 통해 동기 부여를 받는 인간의 개념에 정초하고
있었는데, 이런 인간관은 원숙하게 언어를 구사하고 현세적으로 유
능한 사람을 이상적인 인간형으로 제시하였으며, 특히 사회적인 삶
을 이어주는 가장 본질적인 매개행위인 의사소통 능력에 각별한 관
심을 보였다. 여기서 의사소통의 목적은 절대적인 지혜를 전달하는
것이 아니라 구체적이고 실용적인 목표를 달성하는 것이었다. 그러
한 의사소통은 무엇보다도 설득력을 갖고 있어야 했다. 여기서 설득
력 있는 의사소통이란 단순히 마음에 확신을 주는 데 그치지 않고

역인 작센 교구를 방문한 직후 다음과 같이 자책하며 탄식하고 있다. "우리가 지금까
지 사람들을 엄청난 무지와 어리석음 속에 방치하여 왔다는 사실을 어떻게 책임져야
할 것인가. 이 불쌍한 사태를 목격하면서 나의 가슴은 피를 흘리고 있다. 한 지역을
조사하고 나면 나는 구석으로 가 눈물을 흘리며 마음을 달래곤 한다." *Corpus
Reformatorum, Phillipi Melanchtonis*, ed. by Carlos G. Bretschneider and Henricus
E. Bindseil(Halle, 1834 - 860년). 1.no.454, p.881. 박준철, 『르네상스 휴머니즘과 종교
개혁의 관계』, p.12, n.28, 재인용. 중세 말에 성직자의 무지와 교육수준의 저하가 뚜렷
하게 나타난 이유는 중세 가톨리시즘의 신앙관이 전례주의와 공로주의에 빠짐으로써
신앙의 지적 내용에 무관심하게 되었고, 흑사병이 창궐할 때 성직자들이 병자들과 접
촉함으로써 많이 사망하였으며, 그 후 그들의 공백을 메우기 위해 교회 관리의 차원에
서 무자격자들에게 성직임명을 남용한 것을 주원인의 하나로 본다.

정념을 움직여 의지에까지 영향을 미치는 것을 뜻한다. 르네상스의 수사학적 인문주의는 활동적이고 사회적인 인간의 본성, 공동체의 가치, 피할 수 없는 갈등과 변화, 그리고 상대적인 삶의 가치를 반영하고 있었다.

(2) 인문주의의 사상적 기능

인문주의는 지식만이 아니라 정신적 태도(mentality)이지만, 그러한 멘탈리티가 발생한 원인은 지식의 증가에 있었다. 한 시대의 정신사조로서 인문주의의 속성을 규명하고자 할 때 중요한 논점은 인문주의자들의 종교적 또는 철학적 신조가 아니라, 인문주의의 사상적 내용과 기능이어야 한다. 알리스터 맥그라스(Alister McGrath)에 따르면 우리는 인문주의의 특성은 다음과 같이 세 가지로 정리할 수 있다.[43] 첫째, 인문주의는 고전학문과 언어연구에 몰두한 학문운동이었다. 이때 르네상스 인문주의의 학문은 기본적으로 문헌학(philology)의 정신이 지배하였다. 이것은 'ad fontes'라는 구호로 요약될 수 있으며, 고대의 지적 · 예술적 영광을 회복하기 위해 추한 중세를 회피되는 것이었다.[44]

둘째, 인문주의를 르네상스의 새로운 인본주의적 철학을 구현하는 운동이다. 이것은 르네상스와 중세의 단절을 강조하는 부르크하르트

---

43) A. E. McGrath, *Intellectual Origin of the European Reformation*(1995, Baker); A Life of John Calvin(Eerdman, 1995).

44) McGrath, A Life of John Calvin, p.62.

의 전통적 해석에 뿌리를 둔 것이다. 그는 르네상스 인문주의를 르네상스 사상 전체와 동일시하였는데, 르네상스가 스콜라주의에 대한 반작용으로 일어난 것이며, 인간중심주의, 개인주의, 합리주의 등을 지향하고 근대적 의식의 생성에 기여한 점에 주목한다.[45] 이 견해는 20세기에 들어서 딜타이에 의해 다시 제기되었고, 카시러 등에게 지지를 받으며 지속되었다. 이 관점에서 볼 때, 한편으로 인문주의는 로마 가톨릭의 중세적 패러다임을 타파하는 데 기여함으로써 종교개혁의 도래에 크게 공헌하였지만, 다른 한편으로 인간의 개성과 자율성을 중시하고 합리적 세계관을 갖고 있는 인문주의 정신은 신 중심의 초자연적 세계관에 기초한 종교개혁과는 본질적으로 양립할 수 없는 관계라는 이론이 생겨나게 된다.[46] 하지만 이 견해는 르네상스 인문주의의 사상적 기능을 제한적으로 이해하였을 뿐만 아니라, 이후의 교회전통에서 신학과 인문주의의 관계에 대한 실체적 인식을 가로막으며, 종교개혁 신학의 역동성을 이해하는 데 장애가 되었다. 따라서 종교개혁사 연구에서 적절히 극복되어야 할 관점으로 보인다.

셋째, 인문주의와 종교개혁의 양립을 부인하는 전통적 견해를 반박하며 크리스텔러가 제시한 견해가 있다. 그는 인문주의를 수사학

---

45) 곽차섭, 「르네상스 휴머니즘의 해석에 대한 재검토」, 『歷史學報』(1985, no.108), p.175.

46) 박준철, 『르네상스 휴머니즘과 종교개혁의 관계』, p.6. 에라스무스의 자유의지에 대한 논고와 루터의 노예의지론의 비교를 근거로 인문주의와 종교개혁은 사상적으로 상반된다는 견해를 제시하기도 하였다. cf. Steven Ozment, *The Age of Reform: 1250 – 1550*(New Haven, Yale University Press, 1980), pp.290 – 302.

전통의 부활을 주요 내용으로 하는 교육적 문화적 프로그램으로 이해한다.[47) 크리스텔러(P. O. Kriteller)는, 인문주의의 본질은 특정 철학사조가 아니라 그리스 - 로마의 고전 학습을 통하여 수사학, 어학, 역사학, 시, 윤리학, 즉 스투디아 스투디아 후마니타티스(studia humanitatis)를 사회 전반에 확산시키고자 하는 학문 교육 운동으로 규정한다. 그는 인문주의자들이 철학적 문제에 관심을 가진 것은 사실이지만, 그들은 성격상 현실과 유리된 철학적 추상화를 싫어했을 뿐 아니라 어떤 통일적인 견해나 신조를 공유하지는 않았다는 점을 지적하고 있다. 인문주의자들은 자신들 이념의 실제 내용보다는 그 이념을 획득하고 표현하는 방식에 더 관심을 보였다.

인문주의에 대한 크리스텔러의 관점을 이해하려면 먼저 그의 접근 방법을 알아야 한다. 그는 인문주의자들의 저술을 문학적으로 분석하는 것만으로는 르네상스 인문주의의 성격을 적절히 설명할 수 없다고 본다. 그는 인문주의를 광범위하고 다층적인 사회적 관계의 맥락 속에서 다른 전통들과 상호작용하는 활발한 지적 운동으로 여겼기 때문이다. 따라서 문학적 '텍스트' 개념을 분석하는 것보다는 그것의 '사회적 기능과 역할'을 이해할 때 인문주의의 실체를 좀 더 잘 파악할 수 있다고 보고 있다. 그는 모든 인문주의자들을 동질의 단일 집단으로 묶어주는 요소, 즉 고전과 스투디아 후마니타스(studia humanitatis)를 통해 사회에 필요한 교양인을 양성한다는 인문주의자들의 공통의 목표에서 인문주의의 본질을 찾아야 한다고

---

47) McGrath, *Reformaiton Thought: An Introduction*, p.60; 곽차섭, p.180.

보았다.[48]

인문주의와 같이 복합적인 구성요소와 다면적인 기능을 가진 사조를 정의할 때 취할 기준은 이렇다: 첫째, 여러 가지 구성요소 가운데 무엇을 가장 중요한 본질로 볼 것인가? 둘째, 역사적 사조로서 인문주의가 미친 영향력의 원천과 결과는 무엇인가? 르네상스 인문주의가 이후의 다른 시대의 인문학적 사조보다 더 큰 역사적 중요성을 인정받는 것은, 그것이 특정 철학적 명제를 제시했기 때문이 아니라, 기존의 모든 전통적인 사상들을 비판하고 종합시키는 정신자세(mentality)와 사고 틀(mind‒set)을 제공하였기 때문이다. 명제적 요소는 다른 사상과 어떤 맥락에서 관계하는지에 따라 얼마든지 상이한 논리로 작용할 수 있다. 예를 들면, 루터는 신학적 논제들에 관해서는 윤리적 가치에 우선적인 관심을 두는 인문주의자들과 조화되기 어려웠다. 그런데도 루터는 인문주의를 대단히 옹호하였으며 비텐베르크를 중심으로 철저히 인문주의적 교과 과정으로 대학교육을 개혁하였다. 우리는 여기서 루터와 인문주의의 관계는 신학적 명제만으로는 설명할 수 없으며, 인문주의 정신 속에는 신학적 명제나 철학적 명제보다 더 중요한 기능이 있다는 사실을 발견하게 된다. 크리스텔러의 탁월한 견해는 인문주의와 다른 사조, 특히 종교개혁과의 관계를 이해하는 데 필요한 관점을 제공해 준다.[49]

---

48) 오형국, 『칼뱅의 신학과 인문주의』(서울, 한국학술정보, 2006), p.59.

49) 다만 크리스텔러의 견해는 인문주의자들을 직업적인 수사학자와 동일시하는 문제라든지, 인문주의자들의 정치의식, 수사학적 교양이 지배계급의 이데올로기적 성격을 갖고 있음을 간과하는 등의 한계를 갖고 있다. 그 때문에 인문주의를 단순한 학문적 운동으로만 보지 않고 이탈리아 도시국가들의 정치사회적 환경을 반영하는 지적 운동이라고

르네상스의 인문주의는 지식과 신조 자체보다는 그것을 얻기 위한 인식론과 방법론을 연구하는 것을 그 성격으로 한다. 즉 인문주의 정신은 신조가 있는 새로운 철학이 아니라, 일종의 사고 틀(mind-set) 혹은 정신적 경향 같은 것이었다. 인문주의는 현세적 삶의 문제에 관심을 보였고, 이를 위해 실증적이고 비판적 사고를 추구하였다. 인문주의적 학문은 르네상스 정신에 함축된 중세를 향한 압박(pressure)을 전파하는 역할을 하였으며, 종교개혁의 사상을 담아 표현하는 도구적 학문 혹은 지적 용매(intellectual solvent)의 기능을 담당하였다.

주장하는 한스 바론 등의 시민적 휴머니즘(civic humanism)의 관점과는 논란의 여지를 남겨 두고 있다. 그럼에도, 크리스텔러의 견해는 인문주의가 특정한 신조에 의해 지배되는 이념이 아니었음을 규명해 주었다는 점에서 르네상스사 학계에서는 전반적인 동의를 얻어 가고 있다. Kristeller는 Baron과 Garin의 견해가 르네상스 인문주의의 특수적 국면임을 지적한다. "내가 그들의 견해에 동의하지 않는 부분이 있다고 해도 이것은 곧 그들이 묘사, 강조한 관념들의 존재를 부정함을 의미하지는 않는다. 나는 다만 우리가 언제나 고려해야만 하는, 고전에 대한 인문주의자들의 관심과 수사학적 배경을 추적하고 싶을 뿐이다. 그러나 설사 시민적 인문주의의 이상이 매력적으로 보인다고 해도 그것은 주로 피렌체에 그것도 비교적 짧은 시기 동안에 국한되어 있을 뿐이었다. …… 따라서 나는 Bruni의 시민적 인문주의가 르네상스 인문주의의 일반적 정의가 될 수 있다고는 생각지 않으며 이는 Baron이 쓴 최근의 『신 케임브리지 근대사』속의 글로 판단해 볼 때 그 자신조차도 그렇게 생각지 않고 있는 것이다." P. O. Kristeller, "Changing Views of the Intellectual History of the Renaissance since Jacob Burckhardt" ed., Tinsley Helton, The Renaissance: A Reconsideration of the Theories and Interpretation of the Age(Madison, 1964). E. Garin과 Hans Baron은 르네상스 인문주의를 시대적 상황과 관련성을 경시한 채 학문적 또는 직업적 활동으로만 간주하는 것에 반대하여 인문주의자들의 정치적 의식과 태도에 초점을 두고자 한다. 이 견해에 따르면 인문주의는 근본적으로 키케로의 정치적 이념들로부터 유익을 얻기 위하여 그를 연구했던 공화주의적 운동이라는 성격을 갖는다. Hans Baron, *The Crisis of the Early Italiam Renaissance*: *Civic Humanism and Republican Liberty in an Age of Classicism and Tyranny*, 2 Vols(Princeton, 1955, 1966).

(3) 인문주의 학문과 교육의 목적

학문과 교육의 프로그램으로서 고전연구에 중점을 둔 인문주의 운동의 목적은 현실생활에 유용한 실제적 자질과 교양을 육성하는 것이었다. 인문주의자들에게 고전연구는 그 자체가 목적이라기보다는 목적에 도달하기 위한 수단으로 간주되었으며, 특별히 문장과 연설 능력을 향상시키는 데 주목적이 있었다.50) 바꿔 말하여 르네상스의 인문주의자들은 고전 작품을 웅변의 표준으로 간주하고 거기서 영감을 얻고 지도를 받기 위해 연구한 것이다. 고전에 대한 학식과 언어 능력은 고대의 자료를 이용하는 데 꼭 필요한 도구였다. 인문주의자들의 고전 연구는 웅변과 수사학을 발전시키는 데 목적이 있었지만, 그것을 연구하는 과정에서 적용하고 발전시킨 문헌학의 방법은 실증적이고 비판적인 정신을 고양시킴으로써 종교개혁 운동이 일어나는 데 크게 기여하였다. 이것 역시 인문주의와 종교개혁의 상관성을 인정해야 하는 부분이다. 종교개혁자들은 인문학적 수련이 실제적인 신학적 사고 능력을 함양하는 데 꼭 필요한 기초라고 확신하였다. 그 유명한 에라스무스와의 자유의지 논쟁에서 확연히 드러나듯이, 루터는 결코 신학적으로는 당대의 전형적인 인문

---

50) Charles Trinkaus, "A Humanist Image of Humanism: The Inaugural Orations of Bartolommeo della Fonte", *Studies in the Renaissance* 7(1960), pp.90 - 147; H. H. Gray, "Renaissance Humanism: The Pursuit of Eloquence" in Renaissance Essays, eds. P. O. Kristeller and P. P. Wiener(New York, 1968), pp.196 - 216; A. E. McGrath, Reformation Thought: An Introduction(Oxford, Blackwell, 1988), 박종숙 역, 『종교개혁사상입문』(성광문화사, 2002), pp.57 - 59 재인용.

주의자들과 구별되었지만 교양학문의 영역에서는 인문주의 커리큘럼의 옹호자였다. 그는 학생들의 교양과정 훈련이 전통적인 변증법과 아리스토텔레스의 라틴 주석에만 국한되고 시, 수사학, 언어, 역사 및 그가 성서주석과 신학적 훈련에 필요하다고 생각한 과목을 가르치지 않는다면 고급과정에서의 신학 개혁은 지체되거나 심지어 불가능할 수도 있다고 판단하였다. 그래서 그는 이러한 과목들을 촉진하는 일에 아우구스티누스 수도회 동료들과 함께하였으며, 1518년 멜랑히톤이 도착한 후에는 그와 함께 적극적인 역할을 담당하였다. 멜랑히톤이 1520년에 작성한 인문교양학부 관련 학칙에는 스콜라주의를 가리키는 모든 과목이 제거되었다.[51] 멜랑히톤은 끝까지 신학부에 있지 않고 인문교양학부 교수로 남았다. 루터에게 보듯이 인문교양학문과 신학의 관련성은 고급의 신학과정일수록 그 중요성이 커진다.

(4) 종교개혁의 신학과 인문주의

종교개혁이 적어도 학문적 수준의 지식이 크게 팽창하던 시기에 일어난 사건이라는 사실에는 분명히 동의해야 할 것이다. 종교개혁과 인문주의 및 인문주의 학문 교육 운동 간의 관계에 대하여, 혹자는 마치 학문의 숲이 고백적 신앙 열정의 불길에 불타버린 듯 종교개혁 시기에는 자유로운 학문과 진정한 학문적 성취가 종말을 고

---

51) Lewis Spitz, p.51; Robert Kingdon, Transition and Revolution, pp.171 - 75.

한 것으로 보기도 한다. 하지만 이와 대조적으로 루이스 스피츠 같은 학자들은 종교개혁은 개혁자들이 르네상스 인문주의 교육의 방법과 내용을 제도화시킴으로써 모든 수준에서 학문과 교육을 실질적으로 진흥시키는 운동이 되었다는 사실을 발견한다.[52] 그렇지만 이와는 다른 양상으로 논의를 이끌어 가는 방식도 있다. 이는 위에서 대략적으로 언급한 바와 매우 비슷한 방식이다. 종교개혁이 학문과 교육에 미친 충격을 다루는 일을 유보하고, 도리어 학문과 교육이 종교개혁 과정에서 어떤 역할을 했는지를 묻는 것이다. 제랄드 스트라우스는 1978년 『루터의 배움의 집』이라는 책에서 이 작업을 하였다. 스트라우스의 결론에 대해 어떻게 평가하든지 간에 한 가지 중요한 점에서는 그가 절대적으로 옳았다. 종교개혁은 신속히 '교육적 과정' 또는 스트라우스의 표현대로라면 '교화(indoctrination)과정'으로 이행되었다는 것이다. 최근에 학자들은 이 과정을 여러 방식으로 묘사하고자 시도하였다. 책과 종교개혁, 종교개혁과 선전 또는 목판화의 역할에 대해서도 활발한 연구가 진행되었는데, 저자들은 모두 종교개혁을 대중운동으로 보았으며 종교개혁이 어떻게 대중적인 운동이 되었는지를 설명하려고 하였다.

---

52) "The Importance of the Reformation for Universities: Culture and Confession in the Critical years", pp.42 – 67.

■ 맺는말

인간의 본성을 재발견하고 그것을 제한 없이 실현하는 것이 인문주의의 주요 목적이었다면, 인문주의가 기독교의 신학적 교의보다는 삶의 실제적 차원과 결부되어 발달된 학문 사조를 기독교 인문주의라고 할 수 있다. 기독교 인문주의는 신 중심의 세계관을 전제로 하여 인간을 하나님의 형상을 따라 창조된 피조물로서 인식하고 인문주의적 통찰을 추구한다. 즉 창조신앙을 토대로 피조물로서의 인간을 발견하고 하나님의 뜻과 관련하여 인간성을 실현하는 것이 기독교 인문주의의 내용이라고 할 수 있다. 그런 점에서, 르네상스와 종교개혁시대의 인문주의는 신본주의적 신앙과의 관계 속에서 발전할 수 있었다는 점에 주목해야 한다.

제 2 부

기독교 인문주의에 관한 신학적 쟁점들

1부에서는 기독교 인문주의의 역사적 개요를 고대에서 종교개혁 시대까지 다루었다. 기독교 인문주의는 르네상스-종교개혁시대의 기독교 지성사에서 가장 성숙하고 강력한 형태로 발현되었다. 이 시대를 조망하는 것으로 기독교 지성사 개괄을 일단 마무리한 것은 오늘날 기독교 인문주의 논의의 전거들이 사실상 이 시기의 기독교 인문주의에 근거하고 있기 때문이다. 이제 2부에서는 기독교 인문주의에 관한 신학적·문화사적 쟁점들을 검토할 것이다.

1. 기독교 인문주의의 현대적 상황

종교개혁 이후 기독교의 지성적·예술적 국면은 아예 사라지지는 않았지만 이전 시대와는 달리 애써 찾아야만 발견할 수 있을 만큼 언더그라운드 문화 같은 것이 되어 버렸다. 기독교 인문학 연구와 교육이 취약해진 이유는 과거에는 긴밀한 관계에 있던 교회와 고등교육이 이제는 분리되어 있기 때문이다.[53] 그러나 기독교 인문주가 관심을 갖는 것들은 인간이 인간의 본질 – 즉 인간성 – 을 유지하는 한 본성적으로 탐구하고 추구하는 대상이기에 결코 사라질 수 없는 주제들이다. 기독교 인문주의 혹은 인문학적 차원에서 기독교를 이해하려고 할 때에 중심이 되는 테마는 하나님께서 그리스도 안에서 인간 세계를 회복해 나가신다는 것이 무엇을 의미하는가 하는 것이다.

1) 현대의 기독교 인문주의와 세속적 인문주의

기독교 인문주의의 의미를 잘 전달하기 위해서는 종종 오해되고 또 많은 오해를 안고 있는 세속적 인문주의와의 관련성을 조명하는 것이 우선적으로 중요하다. 현대 개신교복음주의의 대표적 신학자인 J. I. 패커(J. I. Packer)와 가톨릭의 J. 마리땡(Jacque Maritain)이 각기 *Christianity: True Humanism*와 *Integral Humanism*을 저술한 것은 기독교가 인문주의와 매우 밀접한 관계를 갖고 있음을 보여준다. 그러나 다른 한편 종교의 영향력이 약화되어 가는 현대 문화 속에서 인문주의 사상은 탈종교적 세계관이나 반종교적 세계관과 깊이 관련되는 양상을 보이는 것도 사실이다. 그것은 인문주의가, 앞서 언급한 바와 같이, 종교든 이데올로기든 특정 신조를 주장하는 지식이 아니기 때문일 것이다. 르네상스시대를 중심으로 한 고전적 인문주의는 기독교가 문화 전반을 지배하던 상황에서 고대의 유산을 받

---

53) Quirinus Breen, *Christianity and Humanism*, p.201.

아들이면서 형성된 사조였다면, 현대의 세속적 인문주의는 기독교의 영적 차원의 활력이 약화된 상태에서 기독교를 공격하거나 다른 이념으로 대체하기 위한 목적으로 등장한 것이기에 종교와 인문학 간의 역학 관계는 고전 인문주의에서의 그것과 다를 수밖에 없을 것이다. 그렇다면 과연 지금 기독교 인문주의는 세속주의와의 만남에 어떻게 반응하고 또 무엇을 성취하고 있는가? 기독교 인문주의는 과연 현대문화 속에서 지속적으로 자신의 정체를 유지할 수 있을 것인가? 그럴 수 있기 위해 우리가 모색해야 하는 것은 무엇인가?

근·현대에서 인문주의는 인본주의라는 번역어와 동일시될 만큼 비기독교적 세속주의의 중심요소가 되었다. 그 가운데서 기독교의 가치와 이상을 추구하려는 기독교 인문주의자들의 노력으로 기독교 공동체들은 이제 자기시대의 문화와 대화할 수 있는 존재로서 역사에 참여하고 기여할 수 있게 되었다. 이제 그들의 도전과 성취를 살펴보자.

(1) 인본주의자 선언(Humanist manifesto Ⅰ, Ⅱ)

1933년 미국의 교육학자과 심리학자, 과학자들은 신으로부터 해방되어 인간의 힘으로 인간성을 회복하자는 15개 조항의 '인본주의자 선언 I'을 내놓았다. 특히 인본주의적 세계관의 기초가 되는 것은 과학주의, 진화 사상, 그리고 유물론적인 생명관이다. 이 세 기준은 말하고자 하는 바는 한마디로 "신은 없다."는 것이다. 인본주의를 위한 이것 외의 기준들은 이 세 가지 기본적인 기준에서 이차적으로 발전된 것들일 뿐이다. 상황 윤리와 자기중심적 생활철학이 정당화되고, 인간을 세계관의 초점으로 삼을 수 있었던 이유는 무엇인가? 그것은 과학주의와 진화사상 그리고 유물론적 생명관을 사실처럼 인식하고 '하나님은 없다'는 생각을 가능하게 하였기 때문이다. 1973년에 인본주의자들은 17개 조항으로 된 '인본주의자 선언 Ⅱ'를 내놓으면서 선언 Ⅰ을 재확인하였다.54)

미국에서는 기독교적 신앙을 토대로 하던 교육 이념과 사회윤리관이 최근에 와서 급변하는 모습을 쉽게 찾아볼 수 있다. 이와 같은 현상에 크게 두 가지 형태의 인본주의 운동이 관여하고 있다. 그중 중요한 것은 뉴 에이지 운동(New Age movement)이다. 뉴 에이지 운동은 앞에서 언급한 인본주의 운동과 맥을 같이하지만 더 적극적이고 폭넓은 인본주의 운동이다. 오늘날 세계는 기근, 핵무기, 환경오염, 에너지와 식량 부족과 같은 공통적인 문제를 안고 있다. 인본주의자들은 이러한 공통적인 문제를 해결하려면 세계 단일정부가 필요하다고 생각한다. 그리고 세계 단일정부를 실현시키려면 전 세계 인류를 하나로 만들어야 한다고 생각하고, 이를 위해 인류에게 가장 설득력 있는 법, 즉 '운동'의 형태로 출현한 것이다. 그 종교는 인간의 잠재력을 개발하는 것을 그 내용으로 하고 있다. 즉 인간의 무한한 잠재력을 개발하여 인간이 신이 될 수 있다고 설득하고 있다. 인간 개발의 구체적인 방법으로 가장 설득력 있게 이용되

---

54) Humanist Manifestos Ⅰ and Ⅱ(Prometheus Books, 1973)
    URL: http://www.kacr.or.kr/databank/document/data/bible/b1/b13/b13c1.htm

는 것이 동양의 신비주의에서 나온 최면술, 명상, 요가, 텔레파시 등과 같은 것을 제시하고 있으며, 과학은 이것들이 과학적으로 타당하다고 뒷받침해 주었다. 단순히 과학주의와 진화사상 그리고 유물론적인 생명관만을 기초로 하여 출발한 인본주의 운동이 이처럼 동양의 신비주의에서 적극적이고 구체적인 방법을 찾기 시작한 것이다. 더구나 뉴 에이지 운동은 마치 물병과 같아서 동양 신비주의만이 아니라, 모든 사상과 이념, 종교 그리고 기독교까지도 인간개발의 도구로 흡수하고 있다. 뉴 에이지 운동에 참여한 인본주의자들은 인간은 절대적인 과학에 의지하여 엄청나게 진화된 존재로 변신할 수 있다는 꿈을 꾸고 있는 것이다.

(2) 복음주의와 기독교 인문학

인문학 및 인문학의 수용에 관해서 개신교 그리스도인들이 하나의 태도만 보인 것은 아니다. 신앙전통에 따라 다를 뿐 아니라 교의적으로 동일한 노선에 속하면서도 이 문제에 있어서는 상반된 견해를 보이기도 한다.

첫째로 리차드 호프슈타더(Richard Hoffstader)가 1962년에 발표한, 이제는 고전이 된 연구는 미국인의 삶 속에 나타난 반지성주의의 원인과 결과를 잘 보여주고 있다. 우리가 이제 사용할 '복음주의'라는 용어는 제임스 마스던(G. Marsden)이 제안한 대로, 개인구원의 복음과 성경의 권위를 강조하는 기독교 신자 모두를 포괄하는 일반적 용어가 될 것이다. 이 복음주의자들이 남북전쟁 이전에 존재하던 대부분의 미국 대학을 설립하였다. 복음주의 또는 근본주의 전통에 선 사람들이 주는 주된 이미지는 많은 교육을 삼가고 인문과목을 전도의 도구로서만 쓰는 성경학교(Bible College)를 선호하는 모습이다. 그러나 이들은 복합적이고 또 매우 다수가 속한 복음주의 운동이 겉으로 드러내는 여러 모습 가운데 하나의 흐름만을 대변할 뿐이라는 사실을 잊어서는 안 된다. 복음주의 진영에는 기질상 자신을 잘 드러내지 않는 사람들이 다수였기 때문이다. 복음주의자들은 찰스 피니(Charles G. Finney)처럼 인문학을 얕보면서도 자신들은 모든 면에서 지식인이라고 생각하였다. 그들은 소설에 대해 편견을 가진 것으로 알려져 있지만 이것 또한 모든 복음주의자들의 경향은 아니었고, 스토우(Harriet Beecher Stowe) 부인의 예에서 보듯이 소설 문학에 뛰어난 인사들도 있었다. 복음주의자 중에서 높은 문화적 상관성을 가진 부류에는 라브리(L'Abri)로 유명한 프란시스 섀퍼(Francis A. Schaeffer), 말릭(Charles Malik), 칸쳐(K. Kanzer) 등이 있으며, 근본주의 운동의 지도자인 메이첸(J. Gresham Machen) 같은 인물까지도 여기에 포함되어야 한다.

복음주의 흐름 속에 왜 이처럼 인문주의에 친화적인 흐름이 존재하고 있을까? 이에 답하기 위해 우리는 복음주의나 근본주의 전통모두 퓨리터니즘(Puritanism)을 원천으로 하고 있다는 사실을 주목해야 할 것이다. 미국에서 퓨리터니즘이 예술 분야에서는 견실한 소산을 내지 못하였지만 지성과 고전교육에서는 가장 오랫동안 지속적으로 주도권을 쥐고 있었다. 뉴잉글랜드는 세계의 어느 지역보다 대학훈련을 받은 사람의 비율이 높았다. 하버드 칼리지의 설립으로 뉴잉글랜드는 북미에서 수세기 동안 지적 지배권을 갖게 되었다. 그러나 복음주의자들이 품고 있던 인문주의 정신, 즉 강한 고등교육 지향성은 독일식 대학의 특수화와 다원주의 열풍으로 인해 변화를 겪게 된다. 이 과정에서 복음주의 안의 반지성주의적 세력이 경건과 최상의 학문 사이에 간격을 만들었지만, 복음주의에 내재되어 있던 학문적 전통 자체가 완전히 사라진 것은 아니었다. 오늘날의 복음주의 지식인들은 복음주의자들에게 자신의 전통을 보도록 도전하고 반지성주의를 동반하지 않는 길이 있음을 알리고자 한다.55)

본래 인문주의의 정신태도는 자유롭고 비판적인 탐구와 미학적 감수성에, 그리고 초자연 혹은 추상적 논제보다는 실제적인 인간사에 훨씬 더 큰 관심을 기울인다. 현대의 번잡하고 분망한 삶 속에서 신앙은 자기의 자리를 마련할 수 있을 것인가? 다른 한편으로, 신앙은 기술과학의 시대를 사는 우리의 존재를 어떻게 변화시킬 수 있을까? 기독교 신앙의 관점 - 기독교적 세계관 - 에 근거한 인간과 세계의 지식은 비종교적인 현대의 사상들과 무엇이 다르며, 그 차이를 어떻게 조화시킬 수 있을 것 같은가? 이것은 종교적 신앙의 교의가 그 종교를 둘러싼 주변 문화를 이해하고 그 언어로 자신의 의미를 표현하는 작업을 할 때 가능할 것이다. 사실 바로 이것이 오랜 기독교 역사 내내 시대마다 진행해 오던 작업이었다. 1차적으로는 신학자들이, 그리고 더 나아가 신학이라는 학문적 틀을 갖지 않은 사상가들이 그 작업에 참여해 왔다. 따라서 이런 관점에서 보면 엄밀히 말해

---

55) George Marsden, "The Evangelical as Humanists" *Humanities Report*(May, 1982), p.10.

서 기독교 인문주의는 기독교가 갖고 있는 그 자체의 본질적 속성을 발현한 것이라고 할 수 있다. 영적인 차원, 즉 내세적인 관심과 개인의 영혼 구원을 1차적 속성이라고 할 때, 기독교 신앙은 본질적으로 영적 차원과 내세의 차원이 현세를 뚫고 침범해 오는 차원, 즉 겉으로 드러나는 2차적 속성을 갖고 있기 때문이다.

인간과 세계는 본질상 특정 이론만으로 규정할 수 없을 만큼 복잡하고 현상적으로는 실존적 조건에 따라 가변적으로 보이기 때문에, 인문주의자들은 도식적인 이론가나 단순한 행동가가 되기 어렵다. 이런 이유로 인문주의자들을 미온적인 회색주의자로 정죄하는 예가 종종 등장한다. 그럼에도 불구하고 인문주의 정신과 그에 따른 관심사를 학문적으로 연구하는 인문학은 그 학문이 품고 있는 고유하고 독특한 지식으로서의 속성 때문에 결코 중요성을 잃지 않는다.

2. 기독교 인문주의의 신학적 기반

1) 영적 차원과 문화적 차원

신앙과 학문 또는 신학과 인문학을 비롯한 일반학문의 관계를 이해하려면 종교의 두 차원인 영적 차원과 문화적 차원 간의 상호 관계를 바로 알아야 한다. 이 두 차원은 중첩되어 있다. 마음과 이성은 모두 인간이고 육체도 인간이지만, 우리는 인간을 정신과 육체로 나눈다. 영적 차원과 문화적 차원은 모두 기독교 신앙의 범위에 속한 일이지만 이 둘을 구별하여 설명할 필요가 있다. 즉 문화 영역 속에 영성의 요소가 스며들어 있고 영적 차원 역시 문화적 조건의 영향을 받는다. 경계가 분명하지 않지만 구별되는 것만은 사실이다. 이것을 구분하기 위해서는 신앙의 스펙트럼, 즉 신앙이 현실적으로 발현될 때 나타나는 다양한 형태를 이해해야 한다. 회심[心中亂]으로 시작되는 신앙의 내면성은 예배와 공동체의 교제와 봉사, 대외적인 전도와 봉사 활동을 통해 외연이 넓어지면, 계몽과 입법 청원 차원의 시민운동에서 권력 획득과 배분의 차원에까지 도달할 수 있다. 우리는 이러한 역사 속에 나타난 종교적 활동의 다양한 양상에서 영적 차원의 신앙요소와 문화적 차원의 신앙요소를 구별할 수 있어야 한다. 두 차원의 관계에서 주목할 점은 첫째, 상호작용과 중첩의 성격을 띤다는 점이고, 둘째, 문화적 차원의 성취는 영적 차원의 소산이라는 점이다. 단 여기에는 시차(time lag)가 존재한다. 즉 영적 차원의 성취가 당대에 곧바로 사회 · 문화적 열매로 나타나지 않고 다음 시기에 나타날 수도 있다는 뜻이다. 하나의 신앙 전통이 이 스펙트럼을 전체적으로 포괄할 때 이것을 통전적(integral or holistic)이라고 말한다. 반면, 통전적이지 못한 신앙 전통이나 신앙관 가운데는 영과 육, 개인과 공동체, 역사와 초월, 현실과 내세를 분리하여 인식하는 이원론(dualism)이 있다. 이것은 신비주의, 내세주의 또는 세속주의로 환원된 종교를 낳는다. 현대는 이 양극단을 다 경험하고 지양(止揚)한 시대이기에, 하비 콕스(Harvey Cox)가 "세속도시로 돌아온 종교"라고 칭하였듯이 과학적 자연주의를 극복할 수 있는 기회의 시기로 전망하기도 한다.

근대 이전의 시대에서 통전성을 지닌 신앙 전통의 예를 찾는다면, 그 현저한 예가 바로 퓨리터니즘(Puritanism)이다. 퓨리턴들은 회심 없이는 그리스도인이 될 수 없다고 믿었고, 성경 안에 모든 것이 들어 있다고 믿는 교육관을 가지고 있었다. 그들은 성서의 충족성(sufficiency)을 믿었지만, 성서 안에 담긴 진리들은 밭의 보화처럼 감추어져 있기 때문에 그것을 캐내는 데는 모든 학문이 필요하다고 생각했다. 이런 견해가 퓨리턴시대의 교육개혁을 추동한 하나의 요인이었다. 그들은 심지어 정치 체제도 신앙의 명령으로 변혁되어야 할 때가 있다고 믿었다. 왕의 세속권력이 교회를 지배하려 할 때 그것을 받아들이기보다는 국가 권력도 신의 절대성 앞에서는 필연적으로 상대화되어야 하기 때문에 심지어 왕권을 타파할 수도 있다고 믿었다. 즉 퓨리터니즘은 흔히 철저한 개인경건의 신앙전통으로만 알려졌지만, 실상 이 전통의 독특성은 개인의 내면적 회개에서 출발하여 견고한 신앙공동체를 구축하고, 고등교육과 학문을 발전시킨 데서 볼 수 있듯이 고도의 사회·문화적 상관성을 갖추어 결국 체제 변혁으로까지 나아갈 수 있는 '통전성'에서 찾아야 할 것이다.

2) 일반 은총론

개신교의 신앙 전통 가운데서도 신지식과 인간을 아는 지식의 양립성을 가장 개방적으로 수용하는 것이 개혁주의(Reformed) 전통이다. 그런데 개혁주의는 복음주의와 교의적으로 동일하면서도 매우 상이한 종교·문화적 기능을 나타낸다. 그 이유는 일반 은총(common grace)에 대한 신학적 입장 차이 때문이다. 일반 은총이란 구원의 성취 여부와 관계없이 작용하고 베풀어지는 창조주이신 하나님의 섭리와 은혜를 가리킨다. 이는 자연계는 물론 신자와 비신자들이 함께 형성해 나가는 역사적 삶의 영역에 대한 성찰까지 포함한다. 그중에는 기독교인들이 이방 세계라고 부르는 비기독교 세계의 덕과 죄에 대해서도 사려 깊은 해석이 들어 있다.

(1) 일반 은총론의 기초

19세기 화란의 기독교운동가이며 신학자인 아브라함 카이퍼(Abraham kuyper)의 저서 『일반 은총론』(Gemeene Gratie)에서 제시하는 일반 은총 교리의 성경적 근거를 간단히 요약하면 다음과 같다: 첫째, 일반 은총은 죄의 일반적인 억제작용이다. 카이퍼는 이 정의를 창세기 2, 3, 7, 8, 9, 20장, 요한복음 1장, 로마서 1, 2장을 주해함으로써 주장하고 있다. 둘째, 일반 은총은 저주의 일반적인 억제다(창 2, 3, 6, 8, 9; 시 93, 롬 1, 2). 셋째, 일반 은총의 죄(罪)의 억제력은 노아 홍수 이후에 더 강화되었다(창 8, 9). 넷째, 일반 은총은 영원하신 말씀을 통해 작용된다(요 1). 마지막으로, 일반 은총을 통한 죄와 저주의 억제는 창조세계에 새로운 것을 추가하는 활동이 아니라, 타락 이전부터 본래적으로 존재해 온 창조 능력의 항구적 속성에 근거한다(요 1; 롬 1). 카이퍼는 성경적 근거들과 함께 교회의 신앙 고백적 근거들도 제시하고 있다. 그는 도르트

(Dordt) 신앙고백서 3, 4장과 신앙고백 14개조를 제시하고 있다. 신앙고백 14개조에 의하면, 인류는 죄악 되고, 왜곡되고, 부패한 본성 가운데서도 놀랄 만한 재능들을 소유하고 있는데, 이는 하나님께 받았다가 잃어버렸지만 보존해 주시는 은총으로 유지된 작은 잔류물이다. 인간이 타락한 후에도 일종의 자연의 빛(light of nature)은 남아 하나님과 자연의 물질에 관한 지식, 정직과 부정직, 선(善)과 악(惡)을 구분할 수 있는 능력, 그리고 덕(德)을 지향하려는 의지 등은 남아 있다. 하지만 이 자연의 빛을 통해서는 구원에 이르는 지식은 얻지 못한다. 또 구원의 지식 없이는 자연의 빛을 통해서 자연적이고 시민적인 삶도 온전히 영위하지 못한다. 그러므로 개혁주의는 "타락한 인간에게는 여전히 '원초적 영광의 확실한 잔류물'과 '확실한 자연의 빛'이 남아 있다."고 고백한다. 끝으로, 역사적·경험적 근거를 살펴보자. 칼빈주의는 전적 타락교리와 인간세계 속에 잔존하는 일종의 선(善)을 보여주는 역사적 경험 간의 모순을 타락한 인간세계 안에 선(善)을 작용시키는 일반 은총의 사역을 통해 해결하려고 한다. 카이퍼는 이것의 경험적 근거로 우상숭배를 들고 있다. 즉 우상숭배도 곧 일반 은총의 존재를 증명한다고 논한다. "모든 우상숭배는 예배와 경배의 필요성을 증거한다. 동물은 하나님을 경배하지 못하기에 우상숭배를 하지 않는다. 지옥의 저주받은 자들도 영원하신 하나님을 경배하지 못하기에 우상숭배를 하지 않는다. 그들에게는 사탄만이 동행하기에 사탄만을 숭배한다……. 만약 죄가 통제되지 않았다면, 인류는 즉각적으로 전체적이고 최종적인 혼란과 동물화에 빠졌을 것이며, 그때는 더 이상 우상숭배도 존재하지 않게

되었을 것이다.” 즉 경험세계 속에서도 하나님의 일반 은총의 흔적을 쉽게 발견할 수 있다는 것이다.

카이퍼는 그의 책 『왕을 위하여』(Pro Rege)에서 예수 그리스도의 왕권의 전(全) 세계적 범위에 대해 강조하였다. 그리스도는 자연세계, 역사세계 그리고 가정의 왕이시다. 그는 에베소서 5:23을 인용하면서 중보자 그리스도께서 높아지신 이후, 삼위 하나님의 상위 왕권과 인간의 하위 왕권 중간에 있는 그리스도의 왕권을 강조하고 있다. 그리스도에게 하늘과 땅의 모든 권세가 주어졌기 때문에, 그리스도의 통치권은 사회, 정치, 민족, 학문 그리고 예술에까지 적용된다. 영원하신 말씀과 관계하는 일반 은총과는 달리 특별은총은 성육신하신 말씀과 관계한다. 즉 특별은총은 성육신하신 말씀인 그리스도에게 근거하고 있다. 그러므로 일반 은총과 특별은총의 일치는 바로 그리스도에게서 이루어진다. 카이퍼는 그리스도의 왕권을 아예 무시하는 감리교적 경향뿐만 아니라 그리스도의 통치권을 오직 그리스도인에게만 제한하여 전(全) 피조세계에 미치는 우주적 의미를 제한한 개혁파적 성향도 비판한다. 카이퍼의 주장대로, 그리스도는 교회의 왕일 뿐 아니라 전(全) 우주의 왕이시다. 삼위일체 하나님은 항상 절대적 지배권을 행사하시지만, 그리스도의 영화와 재림 사이의 중간기 동안엔 중보자 그리스도를 통해 간접적으로 통치하신다.

여기서 일반 은총의 기원을 정리해 보자. 카이퍼는 명백히 일반 은총은 ‘구속 중보자’ 그리스도가 아니라, ‘창조 중보자’ 그리스도에 의해 작용된다고 말한다. 일반 은총은 성자 그리스도와 밀접히 연관되어 있지만 성부 하나님과 성령 하나님이 뒷전으로 밀려나는 것은 아니다. 카이퍼는 분명히 일반 은총은 성부 하나님에게서 나오며, 만물을 운행하시는 성령 하나님의 고유한 사역이기도 하다고 말한다.

(2) 일반 은총과 문화행위

문화는 항상 '역사'(geschiedenis)와의 밀접한 관계 속에서 발전한다. 우리는 이제 카이퍼가 역사를 어떻게 보았는지 살펴볼 것이다. 카이퍼는 인류는 일반 은총의 도움을 받아야만 '역사'(historie)를 이어갈 수 있었다고 말한다. 역사는 일반 은총의 선물이다. 즉 인류는 역사 속에서 창조세계 안에 들어 있는 잠재능력을 '개현'(開現, ontplooien)해 나가는 과정을 밟고 있다. 일반 은총은 죄를 억제하는 동시에 이 개현 과정을 성취한다. 하나님께서 일반 은총을 베풀지 않으셨다면 아담과 하와는 심판을 받아 즉사했을 것이고, 인류의 역사와 미래는 더 이상 존재하지 못했을 것이다. 카이퍼는, 인류의 진정한 '역사'는 '조절되고 확고한 사물의 질서'가 존재하기 시작한 노아 언약 이후에 등장했다고 본다. 그에게 역사는 동일한 과정의 무한 반복이 아니라 점진적 진보 과정이고, 그 역사의 중심축은 예수 그리스도의 십자가다. 문화를 일반 은총의 도구로 보는 것은 카이퍼 전통의 문화 철학의 전형적인 특징이다. 창세기 3장의 타락 사건 이후에도 인간은 자연에 대한 통치권을 행사할 수 있었으며, 가정, 사회, 학문, 예술 분야 등에서 문화 활동을 했다. 그렇다고 문화가 일반 은총에 존재 근거를 두고 있다는 뜻은 아니다. 국가 활동 이외의 모든 문화는 타락하기 이전의 창조세계에서부터 존재했었다. 타락한 후에도 이 원(原)문화가 일반 은총에 의해 보존되고 유지된 것뿐이다. 로마인들은 법률에서, 중국인은 가정생활에서, 그리스인들은 학문과 예술에서 탁월한 업적을 드러낸 것을 볼 때, 타락 이후까지 보존되고 유지된 문화는 시·공간에 따라 발전 정도가 매우 다양했음을 알 수 있다. 인류 문화는 일반 은총의 '진보적 작용'(progressieve werking)의 도구였다. 카이퍼는 또 인류 발전의 독립적인 목적을 '하나님의 형상'과 연관시켜 설명한다. 그는 또한 '하나님의 형상' 교리는 개인 인간보다는 인류 전체의 풍요로운 발전과 연관시켜 생각해야 된다고 주장했다.

카이퍼의 '하나님의 형상' 교리가 갖는 이 사회적 요소의 근거를 우리는 인간 창조 때 하나님께서 자신의 형상을 따라 인류 전체의 고차원적 발전과 진보를 위해 인간의 내적 본성 안에 무한한 잠재력의 씨앗을 심어 놓으셨다는 사실에서 찾을 수 있다. 이 같은 인류의 진보는 오직 인류 전체의 사회적 공동체를 통해서만 가능하며, 이렇게 인류가 발전하는 과정을 통해 인류 속에 심겨진 하나님의 형상의 아름다움과 위엄이 드러난다.

이런 독립적 목적 외에도 인류의 문화 발전에는 특별은총의 등장을 예비하는 역할도 있다. 카이퍼는 특별은총 영역인 세계 교회의 급속한 성장과 발전을 위해서는 민족과 민족을 엮는 공동체가 필요했다고 보았다. 로마제국이 국제적 통치 정부와 국제적 교통 그리고 국제적인 언어를 통해 인류의 범세계적 공동체를 이루고 있었기에 바울의 복음은 반세기도 채 못 되어 로마에서 스페인까지 퍼졌으며, 그 이후에 세계가 복음으로 편만해질 수 있었다. 로마제국은 복음전

파와 세계교회 확장이라는 특별은총의 작용을 준비해 준 일반 은총적 공동체였던 것이다. 이처럼 특별은총을 위한 문화의 예비적 역할을 인식했던 카이퍼는 문화가 때로는 복음에 장애가 되었음을 간과하지 않았다. 그는 종말에 등장할 죄의 화신인 적그리스도는 문화의 옷과 이름을 입고 등장할 것이라고 말한다. 적그리스도는 문화라는 도구를 오용하여 하나님을 대적할 것이다. 즉 물질문화가 고도로 발전함에 따라 인류의 정신적·영적 문화는 쇠퇴하고, 하나님께 대한 의존 의식이 감소하여 결국 문화는 파괴적이고 악마적인 종말로 치달을 것이라고 본 것이다. 카이퍼가 문화의 오용이 빚어낼 저주스런 미래를 경고하고 있기는 하지만, 그렇다고 해서 하나님의 일반 은총적 선물인 문화 자체를 거부한 것은 아니었다. 여기서 우리는 일반 은총과 문화행위에 관해 두 가지 결론을 내릴 수 있다. 첫째, 오직 일반 은총을 통해서만 죄악 세계 속에서 문화행위를 할 수 있다. 둘째, 문화행위는 일반 은총의 진보적 작용 수단이다.

3. 기독교 인문주의와 교회개혁

기독교 인문주의의 역사를 교회개혁의 관점으로 일별할 때 우리는 이 전통에 내포된 문화적 함의를 발견할 수 있는 유용한 관점을 얻게 된다. 종교개혁시대의 인문주의자 출신 개혁가들이 가지고 있던 '교육을 통한 교회와 사회 개혁'의 전망을 우리는 에라스무스, 카피토, 칼뱅 등을 중심으로 살펴볼 수 있을 것이다. 오늘날의 교회

운동가들은 신학적 교의와 교회의 제도 개혁을 추구하고 있지만, 부패한 세력을 향한 비판과 교회정치적 투쟁은 종종 벽에 부딪히곤 한다. 한편 교육적인 방편을 통한 사회개혁은 개량주의적인 방안이나 혹은 지나치게 근본적인 방안으로 치부되어 개혁 방법으로 인정받지 못할 때도 있지만, 르네상스와 종교개혁시대의 역사는 이러한 토양 개선 작업과 같은 일이 실상은 역사적 변화를 견인하는 핵심 요인이라는 것을 보여준다.

인문주의자들의 특징 중의 하나는 그들이 지닌 교육자적인 성향이었다.[56] 르네상스와 종교개혁시대의 인문주의자들이 대개 정치적 문사가 아니면 학자나 교육자였던 데서 볼 수 있듯이, 그들의 활동은 본질적으로 교육의 차원을 수반하고 있었다. 인문주의자(humanist)라는 명칭이 인문학 과목(studia humanitatis)을 가르치는 직업 교사에서 유래하였듯이, 그들은 대학과 문법학교, 심지어 귀족의 가정교사에 이르기까지 다양한 수준에서 학문과 지식을 보급함으로써 그리고 군주들까지 올바른 지식으로 계몽시킴으로써 세상을 변화시킬 수 있다는 신념을 공유하고 있었다.[57] 이 시대의 신학자들 가운데서도 인

---

56) 정대현 외,『표현 인문학』(생각의 나무, 1997), p.103.

57) 인문주의자들이 군주들을 위한 교훈을 저술한 예는 대단히 많다. 마키아벨리 외에도 뷔데, 에라스무스는 물론 칼뱅이『기독교 강요』의 헌사를 프랑수아 1세를 향하여 쓴 것도 그 한 예에 들어갈 수 있다. 뷔데는 프랑수아 1세 초기인 1515-1519 사이에『군주를 위한 교훈(L'institution du prince)』을 저술하여 젊은 왕에게 헌정하였다. 이것은 플루타르크의『경구 모음집(apophthgems)』이었다. 에라스무스도 *Institutio Principis Christiani*를 1515년에 출간하였고, 마키아벨리가『군주론(Il Principie)』을 집필한 것은 1512년(1532년 간행)이었다. Francesco Patrizii도 같은 종류의 논문들을 내놓았다. 칼뱅의『세네카의 관용론 주석』이 이러한 저작들과 어느 정도 같은 목적을 띠고 있었음을 주목하는 것도 흥미로운 일이다.『관용론 주석』의 첫 문장은 플루타르크의

문주의 배경을 가진 신학자와 그렇지 않은 신학자 사이의 가장 주된 차이점 중 하나는 교육의 가치에 대한 입장이었다.[58] 교육의 가치를 신뢰한 것은 일반 은총의 힘과 효력을 인식하였기 때문이다. 칼뱅은 초월적인 감화에 의한 영적 변화의 가능성뿐 아니라 인격적인 교육 과정을 통한 성령의 역사도 믿었다. 그리고 교육은 인간적 덕성만이 아니라 신앙적 경건을 가르칠 때 온전해진다고 생각하였으며, 교육의 정의 속에 "종교적 신앙과 예배와 하나님께 대한 두려움과 경건과 의로움의 책임"을 포함시키려고 하였다.[59] 칼뱅은 이를 통해 교육과 신앙사역의 연계를 강화시켰던 것이다. 인문주의자들은 지성의 훈련만을 위해서가 아니라 덕을 불어넣고 경건의 성품을 형성하는 데도 교육이 유효하다고 믿었다. 칼뱅의 스승이기도 한 인문주의 교육자 마튀렝 꼬르디에는 이러한 입장을 가진 대표적인 인물이다. 일반적으로 교리를 대하는 태도에 있어서는 종교개혁자들과 르네상스 인문주의자들이 서로 달랐지만 교육에 관해서는 견해가 일치하였다.[60]

---

*apophthgems*로부터의 인용이었고 권위의 성격에 대한 주제로 일관하고 있다. 따라서 뷔데의 저서는 칼뱅과 관련하여 주목할 만하다. 뷔데의 저서는 마키아벨리의 것과 비교되곤 하는데 양자의 차이는 첫째, 도덕성에 대한 대조적인 견해이며 둘째, 마키아벨리는 새로이 확보된 영토에서의 군주이거나 자신의 왕권을 새롭게 창출해 나가야 하는 군주를 염두에 둔 것이었다면, 뷔데는 충분히 기반을 가진 군주를 상정했다는 데 있다. 에라스무스와 뷔데의 차이는 에라스무스가 국민들이 군주에게 부여된 권위를 제거할 수도 있다고 한 반면, 뷔데는 자격 없는 왕에 대한 징벌을 신의 섭리에 맡겼다는 데 있다. 이 차이는 에라스무스가 정처 없는 나그네 학자이며 세계시민이었다면, 뷔데는 애국자요 자기의 국왕을 사랑한 사람이었다는 점을 고려해야 할 것이다. 칼뱅주의자들은 한 세대 동안의 박해를 겪고 나서 에라스무스의 입장을 채택한다. Breen, *John Calvin*, p.121.

58) Bouwsma, *John Calvin*, p.90.
59) 『고린도 전서 주석』 14:3.

인문주의자들은 교육의 방법에도 큰 관심을 기울였다. 이 시대의 교육 방법의 근간은 고대 웅변술의 기본인 암기(memoria) - 변증 (dialectica) - 창작(inventio)을 토대로 하되, 그들이 경멸하던 변증을 포기하고 암기와 창작을 강조하는 것이었다.61) 발라의 『라틴어 문장론』(Elegantiae linguae latinae)과 에라스무스의 『격언집』 (Adagia), 『어휘론』(De copia verborum), 그리고 셰익스피어의 많은 대구법 2행시들까지도 모두 인문주의자들이 민속 지혜에서 유래한 정제된 구절들을 즐겨 암기했음을 증명해 준다. 에라스무스는 심지어 밭가는 이들이나 베 짜는 이들까지도 자기 작업의 리듬을 따라 시편을 노래함으로써 암기 능력을 개발하기를 바랐다. 한 인문주의 학자는 사람들이 시편을 히브리어로 외우면 "진리는 가장 자유롭게 가장 순수한 원천으로부터 부어질 것"이라는 희망을 피력하기도 했다.62) 르네상스와 종교개혁시대의 최초의 역사가 중 한 사람인 스트라스부르의 카스파 헤디오(Caspar Hedio)는 르네상스 인문주의는

---

60) 로렌조 발라는 그의 성서주석(*Annotationes in Novum Testamentum*)에서 통찰력 있는 교리적 진술을 하고 있으며, 에라스무스도 역시 그러한 안목을 갖고 있었지만 교리논쟁에 대해서는 거의 무관심하거나 경멸하였다. 그 이유 중 하나가 교리논쟁이 학문과 도덕상의 긴요한 개혁에 대한 주의를 분산시킨다는 것이었다. J. Kittelson, "Learning and Education: Phase Two of the Reformation", p.158. Cf. Jerry Bentley, *Humanists and Holy Writ: New Testament Scholarship in the Renaissance*(Princeton, 1983); James D. Tracy, *Erasmus, the Growth of a Mind*(Geneva, 1972); James Kittelson, *Capito, from Humanist to Reformer*, pp.23 - 51.

61) Walter Ong, S. J., *Ramus, Method and Decay of Dialogue*(Cambridge, Mass. 1972), pp.249 - 270.

62) *Institutiuncula in Hibream Linguam. Autore Volphango Fabro Professore Theologiae*(Basilieae, 1516) sig. aa3 - aa4 quoted in J. Kittelson, "Learning and Education: Phase Two of the Reformation", p.158.

종교개혁을 위한 하나님의 준비작업이었다고 선언하기도 하였다.[63] 칼뱅은 교육의 본질과 목적에서는 신본주의적 개념을 분명히 취하였지만, 양질의 교육을 받은 인문주의자로서 교육 방법에 대해서 성숙한 이해를 갖고 있었으며 그 가치와 효용을 확신한 사람이었다.[64] 이런 맥락에서 칼뱅의 가장 주요한 저술인 『기독교 강요』역시 순수한 신학 전문가들을 위한 학문적 저서가 아니라, 대중 또는 초보자들을 위한 교육교재의 성격을 띠고 있었다는 사실에 주목할 필요가 있다.

4. 신본주의 신학의 문화상관성

연구자에 따라 다르긴 하겠지만, 신앙 공동체를 향한 기독교 인문학의 궁극적 기여는 신학이 건전하고 올바른 방향으로 발전하게 해주는 데 있다고 할 수 있다. 여기서 '올바르고 건전하다'는 것은 개혁주의 전통에서 칼뱅 같은 이가 강조한 바와 같이 논쟁을 위한 논쟁이나 호기심으로 전락한 영적 관심에 빠지지 않는 것을 의미한다. 신학이 성서의 메시지를 그 시대의 문화에 적용시키는 지적 작업이라면, 그 시대의 문화를 신앙적 세계관 속에서 읽어낼 수 있게 하는

---

63) Wallace K. Fergason, *The Renaissance Historical Thought. Five Centuries of Interpretation*(Boston, 1948)의 제2장 참조.

64) 1556년에 데살로니가서의 주석을 자신의 라틴어 스승이었던 마뷔랭 꼬르디에게 헌정하며 올린 감사의 글은 그것을 잘 표현해 주고 있다.

것은 기독교 인문학의 통찰과 수사(修辭)다. 기독교 인문주의에는 신본주의 신학이 고도의 문화 상관성을 갖게 하는 기능이 있다. 중세 초의 수도원 운동에서나, 종교개혁 신앙전통에서나, 웨슬리 부흥의 사회적 결과에서 보듯이, 진정한 신앙은 그 자체의 내재적 속성 때문에 영적 차원에서 강렬한 신본주의적 성향을 보이는 동시에 일반 사회의 문화에 대해서도 영향력을 끼치게 되어 있다. 내세주의 신앙은 흔히 현실과 사회·윤리적 문제에 대해 무관심한 것으로 알려졌지만, 실상 역사적 신앙전통이나 개인의 예에서 우리는 내세신앙을 가진 사람이 현실의 정치·사회적 모순을 해결하기 위해 적극적으로 나서는 경우를 어렵지 않게 볼 수 있다. 내세신앙은 결과가 현실에 대한 무관심으로만 나타나는 것은 아니다. 인간과 사회를 풍부하게 이해하고 민감한 감수성을 가지고 있는 사람이 내세신앙을 갖게 되면, 그 신앙은 기존에 안고 있던 역사를 향한 책무의식을 포기하게 하기보다는 그 책무를 수행하는 과정에서 맞닥뜨리게 될 현실적인 난관을 이겨내게 하는 힘으로 작용할 때가 더욱 많다. 즉 인문학적 차원에 대한 이해와 감수성을 통해서 신본주의와 내세신앙은 추상화되지 않고 도리어 인간과 세계에 대해 상관성을 갖게 된다는 것이다. 칼뱅 같은 개혁자들은 신의 위엄(majesty)을 체험한 신본주의 신앙가로서 개혁자의 소명을 감당하며 살았지만, 이미 인문주의자로서의 인격과 정신이 구비되어 있었기 때문에 그의 신본주의 신앙이 문화적 차원의 변혁을 추구하는 힘으로 작용할 수 있었던 것이다. 그보다 앞서 중세 초기 수도원이 영적·문화적 역동성의 원천이 될 수 있었던 것도 그들의 내세적, 금욕적 경건의 힘이 현실의 지적

야만과 물질적 궁핍을 극복하는 힘으로 작동하였기 때문일 것이
다.65)

5. 퓨리터니즘(Puritanism)의 사회사상과 인문주의

영국과 미국 신대륙의 뉴잉글랜드 지방에서 사회적 주도권을 행
사했던 퓨리턴들이 신앙에 근거한 사회질서를 수립하는 과정에는
칼빈주의 신학만이 아니라 기독교 인문주의에 근거한 그들의 학문
과 교육, 정신자세가 크게 작용했음을 간과할 수 없다. 토드(Margo
Todd)는, 영국 퓨리터니즘에서 독특한 사회사상이 형성된 것은 칼
빈주의의 신학적 교의 때문이라는 기존의 통설을 수정하여 인문주
의적 사유방식이 퓨리턴들의 사회사상을 결정했음을 보여주고 있다.
그의 핵심 논지 가운데 하나는 같은 신학일지라도 문화적 조건에
따라서 얼마든지 다양한 사회적 규범을 조직하고 선택할 수 있다는
것이다. 그렇다면 영국사회의 사회적 규범을 형성하는 과정에서 신
학과 인문학은 각각 어떤 역할을 하였는가?
영국 퓨리터니즘에서 기독교 인문주의 전통이 영향력을 행사한
영역은 교육과 사회이론, 두 영역이다. 앞서 우리는 퓨리턴 교육 개
혁을 논할 때, 일반 학문을 성서 연구의 도구로 받아들임으로써 성

---

65) Morris Berman은 이와 관련하여 현대 문명에 대한 역사적 비판과 함께 수도사적 해
   법을 제시한 바 있다. The Twilight of American Culture(W. W. Norton & Co Inc)
   『미국문화의 종말』(서울, 황금의 가지, 2006).

서주의(Biblicism)나 신앙주의(fideism)가 완고한 반지성주의(obscurantism)로 전락하지 않게 하였다는 것에 주목한 바 있다. 퓨리턴들의 사회사상에 대해서는, 종래는 힐(C. Hill)을 비롯한 연구자들은, 중세가 물려준 사회적 · 지적 정체(停滯) 상태이자 불모(不毛) 상태에서 등장한 퓨리턴들의 사회사상 때문에 영국사회는 내전에 휩싸이고 새로운 부르주아 사회로 나아갔다고 이해하였다. 그리고 이 학파는 여기에 칼빈주의 윤리가 작동한 것으로 본다.[66] 하지만 퓨리턴들이 성서의 가르침과 칼빈주의 신학에 접근한 방식은 이미 영국사회에 깊이 뿌리내리고 있던 기독교 인문주의 정신에 의해 결정되었다는 점을 간과해서는 안 된다. 본래 기독교 인문주의는 교리(doctrine)가 아니라 교리를 담아내는 언어, 문화, 인식론적 사고양식, 정신태도 등의 특징을 결정짓는다는 점에 우리는 여러 차례 주목해 왔다. 그것이 가장 현저하게 드러나는 역사적 사례가 바로 17세기 퓨리턴 운동이었다. 성서와 신학적 교의가 윤리와 문화적 규범으로 해석되고 적용되는 과정 단순한 한 방향으로 결정되어 있는 것은 아니다. 성서의 텍스트와 교의에 대한 다양한 해석과 적용에 영향을 미치는 것은 그 신앙공동체 또는 신학자의 사고양식을 조건 지우고 있는 지성구조와 정신적 성향이다. 즉, 종교적 교의와 신조가 아닌 인식과 사유의 방식을 규정하는 인문적인 요소일 때가 많다.[67] 그러한 전제들이 성서와 신학에 대하여 어떤 질문을 던질

---

66) Margo Todd, Christian Humanism and Puritan Social Order(Cambridge University Press, 1968).

67) Ibid., p.17.

것인가를 결정하고 어떤 결론에 도달할 것인가에 영향을 미치는 것이다. 즉 인문적 지성구조가 어떻게 작동하는지에 따라 신학적 해석과 적용의 방향이 결정된다는 것이다. 그렇다면 퓨리턴 시대 영국 사회의 인문주의적 정신의 특징은 어떠했는가? 이것을 탐구하기 위해서는 먼저 그 시대가 지성사적으로 과학혁명의 변화를 겪고 있던 17세기였다는 사실을 기억해야 한다. 또한 이 시대는 공리주의(utilitarian)와 인간의 삶을 개선하기 위한 열의와 소망으로 가득 찬 시대였고, 철학적으로는 베이컨 등이 대표하는 경험주의로 향하는 시대였다. 이것은 교육과 학문에도 반영되어 교육과정은 공리주의적 개혁노선에 영향을 받고 있었다. 우리는 성경이나 칼빈주의 신학이 그 자체만으로는 퓨리턴의 사회 이념 발달에 충분한 원천이 되지 않는다는 사실을 인식해야 한다. 개신교 신학은 우리가 사회나 정치 문제에 접근할 때 서로 다른 대안들을 제공한다. 예를 들면, 하나님의 주권과 인간의 순종에서, 인간의 행위는 지상에서 사건을 진행시키는 데 혹은 인간사에 영향을 미치는 데는 무력하다는 결론을 이끌어 낼 수 있다. 반면에, 우리는 세상에서 하나님의 뜻을 수행하기 위한 도구라는 칼빈주의 선택교리는 신자들에게 적극적인 자세를 갖게 한다. 이와 비슷하게 성경은 모든 경우에 근거 성구를 제공한다. 성경을 해석하기에 따라서 이 세상은 우리의 집이 아니라는 뜻을 함축하기도 하고 반대로 세상 일에 적극적으로 참여하도록 요구하기도 한다. 성경은 그것에서 인출되는 신학이 그러하듯이 양면적이며, 명백히 상충되기도 하고, 특히 그리스도의 왕국에서 사회적 규제와 사회관계를 세부적으로 규정하는 일에는 더욱 모호해진다.

그러므로 성경과 신학 자체 뿐 아니라 성경과 신학에 접근하는 사람의 지성구조와 정신자세까지 항상 분석해야 한다.

토드의 연구가 제시하는 논제는 이것이다: 16세기와 17세기에 퓨리턴들의 사고-즉 사회적 문제에 접근하는 사고-를 형성하고 결정하는 데 영향을 준 것은 기독교 인문주의이며, 17세기의 퓨리턴들의 사회사상을 규정하는 특징들 중 하나는, 상대 진영에서 점점 커져가던 보수주의와 권위주의에 맞서 그들이 에라스무스적인 이상과 방법들을 견지했다는 점이다. 퓨리턴들의 세계관을 형성한 토대는 그들이 성인이 되어 읽은 칼뱅의 <기독교강요>라기보다는 청소년기에 읽은 에라스무스나 키케로와 같은 저자들이었다.[68] 여러 세대에 걸쳐 에라스무스의 <금언집>, <우신예찬> 등의 저작에 깔려있는 전제 -세상이 다 잘되어가고 있는 것은 아니다- 는 은근하게 지속적으로 영국인들에게 경건과 종교의 개혁만이 아니라 사회질서에 대한 가설과 전망을 형성하는데 영향을 미쳤던 것이다.

에라스무스가 퓨리턴들의 경건과 종교적 개혁사상에 대해 갖는 중요성은 트린트로드(Trintraud)가 『Elizabethan Puritanism』(1971)에서 존 고프(John Gough)의 『엔키리디온』(Enchiridion) 서문을 수록함으로써 제시하고 있다.[69]

---

68) Leonard J. Trintraud, *Elizabethan Puritanism*(Oxford,1971), especially John Gough's prologue to Erasmus' *Enchiridion*.
69) Ibid., p.17.

6. 종합 – 기독교 인문주의에서 신학적 인문주의로

기독교 인문주의(Christian humanism)는 인간과 세계에 관한 지식을 하나님을 아는 지식(knowledge of God)의 맥락에 접목시키는 것을 목적으로 하는 학문이며 지적 운동이다. 오늘날 복음주의 신앙 공동체(특히 한국과 미국에서)는 지적 무력증에 시달리고 있다(Mark Noll). 기독교 지성계발(Christian mind development)의 당위성에 대한 논의는 많지만 지성 운동으로서의 전략과 방법론이 빈곤하여 원리적 수준의 담론만을 반복하고 있는 실정이다. 그것도 실상은 원리라기보다 전제 수준의 명제들이며, 빈약한 학문을 경건으로 대치해 보려는 사상적 빈곤의 몸부림이다. 신학 자체뿐 아니라 기독교 세계관과 기독교 학문은 본질상 성육신적 사고의 과정이며 소산이다. 기독교 강요 서장의 '이중 신지식론'(duplex cognitio Dei) – 'self'(인간과 세계)를 아는 지식과 하나님을 아는 지식이 불가분의 관계임 – 을 칼빈신학의 구성원리(controlling principle)로 보는 이유도 여기 있다. 기독교 지성운동을 전개하려면 기독교 학문이 내실을 갖추어야 하며, 기독교학이 학문적 체계를 구성하려면 방법론과 인식론을 구비해야 한다. 그것은 몇 가지 논리적 명제만으로 가능한 것이 아니며 기독교 공동체의 사회·문화적 경험에서 추출되는 모형과 범주들이 있어야 한다. 기독교 인문주의에 대한 연구는 기독교 정신의 역사를 종교와 문화, 신앙과 학문의 관계 맥락을 중심으로 역사적으로 탐구하는 데서 시작한다. 이를 통해 기독교의 방대한 문화적 유산을 발견하고 놀라게 될 것이며, 그런 문화적 차원의 소산들이 어떻게 영적 차원과 밀접히 결부되어 있는지를 깨달을 때 큰 은혜를 체험하게 될 것이다.

끝으로 기독교 인문학은 이제 듀이(John Dewey) 식의 세속적 인문주의나 종교개혁시대 에라스무스 방식의 기독교 인문주의(기독교 원전 복원에는 기여하였지만 기독교를 윤리와 덕의 학문으로 환원시킨 방식)를 넘어서 신학적 인문주의로 발전하고 있다. 신학이 교회를 형성하는 학문이라면, 기독교 인문주의는 기독교 교육을 온전하게 하는 학문이다. 기독교 인문주의는 교의적 신앙을 거부하는 신앙인들의 지성적 대안 모색에 그치는 경우가 종종 있었다. 그러나 교의가 독단적, 도식적 사고의 소산인 것만은 아니다. 도리어 그것이 종교의 영적 차원을 지시하는 지적 언어라는 것을 인정한다면 기독교 인문주의는 신학과 교의를 배격하는 것으로만 일관할 수는 없다. 인문주의 정신의 특성인 인간사의 개연성과 미시적 내면에 대한 안목과 감수성을 견지하면서 영적 차원의 통찰을 겸비하려면, 우리는 기독교 인문주의가 신학적 차원까지 내포하는 통전적(integral or holistic) 신앙 의식으로 나아가도록 추구해야 할 것이다.

|참고문헌|

강영안, 『인간의 얼굴을 한 지식: 인문학의 철학을 위하여』(소나무, 2002).

김득룡: 「칼빈주의의 문화적 형성력」, 『신학지남』(82 - 1).

김영한 편, 『서양의 인문주의 전통』, (서강대인문과학연구소, 2001).

김영한, 「시민적 휴머니즘(Civic Humanism)에 관한 논의」, 『서양사론』 Vol.4 no.1(1977).

김현수, 「일반은혜론 소고: 카이퍼, 스킬더, 반틸 그리고 기독교학문연구회에서의 논의들」, 『신앙과 학문』 제9권 제1호(2004. 6).

송문홍, 「인문학이 죽으면 나라 망한다」, 『신동아』(1999. 5).

오형국, 「르네상스 인문주의의 개념과 성격」, 『대학의 역사와 문화』 (2004, 12).

오형국, 『칼뱅의 신학과 인문주의』(서울, 한국학술정보, 2006).

조동일, 『인문학문의 사명』(서울대출판부, 1997).

조동일, 『문학사와 철학사는 하나인가 둘인가?』(서울, 지식산업사, 2001).

"A Christian Humanist Manifesto" Eternity, 33:1(1982).

Baron, Hans, *The Crisis of the Early Italian Renaissance*: *Civic Humanism and Republican Liberty in an Age of Classicism and Tyranny,* (Princeton, 1955, 1966).

Bentley, Jerrry, *Humanists and Holy Writ*: *New Testament Scholarship in the Renaissance*(Princeton, 1983).

Breen, Quirinus, *Christianity and Humanism*(Eerdmans, 1968).

Breen, Quirinus, *John Calvin: A Study in French Humanism*(Archon Books, 1931).

Breen, Quirinus, "John Calvin and Rhetorical Tradition", *Church History,* XXVI (1957).

Denby, David, *Great Books*, 황건 역, 『호메로스와 테레비』(한국경제신문사, 1998).

Holmes, A., *The Making of a Christian Mind: A Christian Worldview and Academic Enterprise*(IVP, 1985).

Harbison, E. H., *Christian Scholars in the Age of the Reformation*

Horton, M., *Beyond Culture War.*

Humanist Manifestos I and II(Prometheus Books, 1973).

Kristeller, P. O., "The Humanities and Humanism", *Humanities Report*(January, 1982).

Kittelson, James, *Capito, From Humanist to Reformer.*

Lewis Donald M., McGrath, Alister ed., *Doing Theology for the People of God: Studies in Honor of J. I. Packer*(IVP, 1996).

Maritain, J., *Integral Humanism; Freedom in the modern world and A letter on independence*(Notre Dame, Ind.: University of Notre Dame Press, 1996).

Markos, Louis, 최규택 역, 『C.S. 루이스가 일생을 통해 씨름했던 것들: 근대주의와 포스트모더니즘에 맞서 싸우도록 우리를 훈련시키는 루이스의 다섯 가지 주제들』(그루터기하우스, 2004).

Marty, Martin E., "Secular Humanism, The Religion of" *The University of Chicago Magazine*, 79:4(1987).

Marty, Martin E., "Christian Humanisms among the Humanisms"

Humanities Report(February, 1982).

Marty, Martin E., "Simul — A Lutheran Reclamation Project in the Humanities", *The Cresset*(December, 1981).

Marsden, George, "The Evangelical as Humanist" *Humanities Report*(May, 1982).

Nemoianu, Virgil, "Voice of Christian Humanism: The Achievement of Hans Urs von Balthasar" *Crisis*(September, 1988).

Proctor, R., *Education's Great Amnesia: Reconsidering the Humanities from Petrarch to Freud With a Curriculum for Today's Students*(Indiana Univ. Press).

Proctor, R., *Defining the Humanities: How Rediscovering a Tradition Can Improve Our Schools: With a Curriculum for Today's Students.*

Packer, J. I., *Knowing Man*(1976).

Packer, J. I., Thomas Howard, *Christianity: The True Humanism* (Waco: Word Books, 1985).

Sapp, Charles Leon, *John Calvin, Humanist Educator: the History of Ideas and the Relationship to Social Change*(North Carolina State University Ed. D. diss., 1970).

Schaffer, F., *How Should We Then We Live?*(Fleming, 1976)

Todd, Margo, *Christian humanism and the puritan social order* (Cambridge University Press, 1968).

Torrance, T. F., *Calvin's Anthropology.*

Torrance, T. F., *Hermaneutics of Calvin.*

Torrance, T. F., *Hermaneutics of Erasmus.*

Tracy, James D., *Erasmus, the Growth of a Mind*(Geneva, 1972) van Til, C., "Common Grace"

Woodbridge, J. D. ed., *Doing Theology in Today's World.*

Woodward, William Harison, *Studies in Education during the Age of the Renaissance(1400 – 1600)*(Cambridge University Press).

Wuthnow, Robert, *The Struggle for America's Soul: Evangeliclas, Liberals, secularism*(Eerdmans, 1989).

오형국　　•약 력•

1957년생
서강대 사학과 및 동 대학원 졸업
총신신학대학원 졸업
미국 Calvin Fuller Semionary 수학
한국교원대학교 박사학위 취득
현재 한국성서유니온선교회 총무
숭실대학교 기독교학대학원 겸임교수

•주요논저•

논문: 「Matthew Arnold의 종교와 사회비평」
　　　「Westminster 신앙고백서의 역사적 의의와 한계」
　　　「경건주의 전통에서 본 성경묵상」
　　　「르네상스 인문주의의 개념과 성격」
저서: 『칼빈의 신학과 인문주의』(2006년, 한국학술정보)

기독교학의 학문적 체계 성립을 위한
기독교 인문주의 전통의 연구

초판인쇄 ┃ 2008년 11월 28일
초판발행 ┃ 2008년 11월 28일

지은이 ┃ 오형국
펴낸이 ┃ 채종준
펴낸곳 ┃ 한국학술정보㈜
주 소 ┃ 경기도 파주시 교하읍 문발리 513-5 파주출판문화정보산업단지
전 화 ┃ 031) 908-3181(대표)
팩 스 ┃ 031) 908-3189
홈페이지 ┃ http://www.kstudy.com
E-mail ┃ 출판사업부 publish@kstudy.com

등 록 ┃ 제일산-115호(2000. 6. 19)
가 격 ┃ 8,000원

ISBN　978-89-534-7489-5 93230 (Paper Book)
　　　 978-89-534-7490-1 98230 (e-Book)